한국 전통사회의 의사소통체계와 마을문화

계명대학교 한국학연구 총서 17

한국 전통사회의 의사소통체계와 마을문화

김무진 외

계명대학교출판부

이야기를 나누고 생각을 모아 함께 사는 것

우리는 살면서 서로의 생각을 말하고 의견을 모아가는 일에 때로는 익숙하지 못한 모습을 서로에게 보여주곤 한다. 그것은 정치적인 장에서뿐만 아니라 일상생활에서도 마찬가지이다. 함께 살면서 서로 이야기를 나누지 않는다는 것은 함께 사는 것이 아니다. 더군다나 같은 공간에서 여러 일로 얼굴을 맞대고 살아야 하는 마을살이에서 이야기를 나누지 않는다는 것은 함께 사는 것이라 할 수 없다.

마을은 우리의 삶을 규정한 여러 조건 가운데 하나이었다. 마을은 사람들이 모여 사는 일상적인 사회생활의 단위로서, 지리적 공간이란 의미와 함께 사회적 공간, 다시 말해서 사회관계의 장場이란 의미를 동시에 갖는다. 마을은 자연환경, 역사문화적 조건 따위에 의해 모습을 달리하며 그 안에서의 살림살이 역시 달랐다.

전근대 전통사회에서의 마을 사람들의 일상적 삶은 거의 전적으로 마을 안에서 이루어졌는바 그것은 대부분의 삶이 일정 지역 내의 토지에 근거를 둔 농경생활에 기초해 있기 때문이었다. 물론 마을 사람들의 생업은 환경 조건에 따라 상이하였다. 농촌農村뿐만 아니라 어촌漁村 혹은 광업이나 수공업자들의 거주지로서의 점촌店村 등이 있었다. 마을의 자연 환경은 마을 사람들의 삶을 규정하고 있었다.

마을이 모습을 달리하게 된 것은 자연환경 때문만이 아니다. 향교나 서원을 중심으로 형성된 교촌校村이나 서원촌書院村이 있었고 절 밑의 사하촌寺下村이 있었다. 서원이나 사찰의 토지를 경작하며 사는 등 마을의 살림은 마을 형성의 원인과 대단히 밀접하게 이루어졌다.

마을과 마을 사람에게 영향을 끼친 것으로는 국가권력이 있다. 사민정책徙民政策은 새로운 마을을 대량으로 만들었으며 부세수취제의 운용에 따라 마을의 위상은 달라졌다. 각종의 노동력 동원은 견디기 어려운 것이어서 마을 전체가 대가를 치루고 계방촌契房村이 되고자 하였다. 감당 능력을 넘어서는 무거운 부세는 재해가 겹칠 경우 유민을 발생케 하여 마을을 텅 비게 하였다. 국가는 평소에 권농정책을 펼쳐 안정적 농업환경을 마련하려 하였고 진휼정책을 시행하여 농업재생산을 보장하는 안민정책을 베풀곤 하였다. 안민安民은 곧 안정적인 마을을 의미하는 것이었다.

면리제 하의 이정里正이 되면 그는 마을 사람들에게 관의 통치에 관련된 일을 하는 사람으로 되는 것인데, 그와 같은 일은 각종의 감고監考나 향임鄕任 등도 마찬가지였다. 부세수취뿐만 아니라 인구의 이동이나 혹은 풍속을 저해할 염려가 있는 행위 등을 둘러싸고 이들은 마을 사람들의 동향을 파악하든가 혹은 그 의사를 확인해야 할 일들이 있는 것이다.

전근대 사회는 신분제 사회이었기에 마을 사람들의 신분구성 역시 다양하였다. 사족다거지士族多居地로 표현되는 반촌班村과 민촌의 구분에서처럼 주 거주자 신분의 구성 점유율이 두드러진 경우에도 구성은 다양하였던 것으로 보인다. 자신의 친족들 30, 40호가 집과 농토가 잇닿아 있다고 표현하는 경우에도 노비와 같은 존재들이 함께 사는 마을이었기에 노비를 통제하는 노비동령奴婢洞令과 같은 규약이 만들어지기도 하였다.

다른 한편 조선사회에서는 유교를 가장 기본적인 가치관으로 삼으려 하였지만 마을 사람들의 가치체계는 다양하였다. 마을 안에 서당이 있어서 기본적인 유학을 학습하고 그 기준에 따른 생활을 하였지만 여전히 불교는 마을 사람들의 삶의 중심에 있던 가치체계 가운데 하나이었다. 부분적으로 유교의례와 접합된 동제洞祭는 마을의 안녕을 빌 뿐만 아니라 마을 사람들 개개인의 소망을 무당이 주관하는 굿 등의 과정을 통하여 표출하던 것이었다. 조선후기에는 지역에 따라 기독교가 들어오기도 하고 동학이 상당히 많은 마을을 새로운 세계로 이끌었다.

이러한 마을살이에서는 농업생산을 위한 두레, 성리학적 질서를 지키고 현 농업경제체제를 유지하려는 향약, 혈연적 유대를 강화하는 족계族契와 같은 것들을 만들고 운영하여 농업생산을 유지시키고 마을의 질서를 지키고자 하였다. 분명 전근대 한국의 전통사회의 마을에서는 여러 신분의 구성원이 지주와 전호로 함께 살고, 유교사회라 하지만 다양한 가치체계가 함께 존재했었고 국가의 부세수취는 마을사람들의 부담을 넘기도 하지만 이들은 재생산을 보장하기 위한 노력을 기울이고 있었다.

위와 같은 마을의 유지에는 어떠한 형태이든 상호 간의 의사를 소통하는 체계를 두고 있다는 점이 크게 작용하였다. 물론, 전근대 사회에서의 의사소통은 원천적으로 제한된 범위에서 이루어질 수밖에 없는 것이었다. 그리스와 같은 고전적 민주주의의 경험에서 확인되듯이 그와 같은 의사소통은 구성원들 사이의 평등이 상대적으로 확보된 사회에서 가능하였다. 그리고 그 평등은 시민 상호간의 것이지 시민과 그 시민 내부의 평등을 가능케 하도록 생산을 담당한 노예와의 사이를 말하는 것이 아니었다. 다시 말하자면 계급사회에서의 의사소통은 계급을 전제로 이해될 수밖에 없다는 것이다. 의사소통의 기구나 혹은 경로가 확보되어 있다면 누구와 어떠한 이야기를 나누는가 하는 것이 문제라는 것이다.

우리는 마을에서 함께 살면서 이룬 지나간 역사에서 앞날을 대비할 수 있는 지혜를 얻고자 하였다. 그것은 우리의 지금 사회가 절차적 민주주의를 넘어 진정한 민주주의의 가치를 실현하는 데 서툴다는 점을 주목하면서 가진 생각이다. 본 연구원의 전통한국학분과 주관으로 한국전통사회의 의사소통 체계와 마을문화라는 기획학술대회를 열어 발표하고 토론을 거쳐 글을 다듬었다. 홍승표, 유승무, 오문환은 각각 우리 사회를 움직인 주요한 원리인 유교와 불교 그리고 동학에서 민주주의 원형과 그 지향을 찾으려 하였으며 김무진, 이해준, 이윤갑의 글은 역사상에 나타난 구체적인 의사소통의 모습을 규명하고 그 위에서 마을문화의 성격을 찾으려 하였다.

전근대 전통사회의 가장 중요한 사회운영의 원리인 유교와 불교 그리고 동학에 나타난 민주주의의 가치와 형태는 어떠한 것인가에 대한 검토이다. 우리는 절차적 민주주의가 가진 형식적인 민주주의 한계를 인식하면서 다른 한편으로 민주주의가 취해야 할 가치지향에 대하여 관심을 가지고 있다.

아울러 마을에서의 다양한 의사소통체계와 의사 결정 구조에 대한 해명을 통하여 그 문제점과 지향점이 드러날 것이다. 향약과 향안의 의사소통체계를 다룬 글은 유교라는 문화원리의 구체적 실례로서의 의미이다. 또 다른 하나는 두레를 중심으로 하는 자율적이고 자치적인 의사결정 구조에 대한 검토를 통하여 전근대 마을에서의 의사소통체계를 다루며 다른 하나는 일제시기 의사소통 체계를 포함한 마을문화의 해체 현상이 어떻게 이루어졌는가에 대한 검토이다.

홍승표는 「유교의 정치사상과 민주주의」에서 현대정치가 직면하고 있는 문제점을 셋으로 집중하여 검토하고 있다. 첫째, 부국강병의 맹목적인 추구가 과연 옳은가 하는 것과 둘째, 민주주의를 궁극적인 정치의 목적으로 추구할 수 있는가 하는 것과 셋째, 갈수록 악화되고 있는 국제관계의 문제이다. 이러한 문제의 해결을 유교 정치사상에서 찾을 수 있다는 주장이다. 전반적으로 민주주의의 가치 지향을 어디에서 찾을 것인가라는 문제의식에서 출발하여 지금의 문제를 거론하고 있다. 본 기획과 관련해서는 두 번째의 문제인 유교사상에 기반하는 새로운 민주 정치의 가능성에 대한 제시가 주목된다.

글에서 주장하는 것처럼 민주적인 절차와 제도는 좋은 정치를 위한 수단이 될 수 있을 뿐이지 그 자체가 좋은 정치인 것은 아니다라는 지적은 이 기획의 기본 입장이다. 연구자는 민주주의는 곧 중우정치로 규정하고 그것을 피하자면 중우가 현명하고 지혜로운 민으로 바뀌어야 한다는 것이다. 상식과 교양을 갖춘 도덕적인 인간으로서의 군자가 왜 유교정치 사상에 의해서만 가능한가에 대해서는 숙제가 될 것이다.

유승무의 「한국 불교문화의 전통과 민주주의」는 민주주의로 대표되는 근대 자유민주주의 제도가 본질적인 한계를 지니고 있음을 지적하였다. 민주주의는 민주주의적인 가치지향성 및 민주적인 의사결정 문화에 의해 비로소 달성된다는 것이다. 연구자는 연기법의 가치지향성에서 그 점을 찾고 있고 승가의 의사결정 방식에서 그 실천을 찾고 있다.

이는 보편적인 정치적 가치로써의 민주주의를 주권자인 국민의 의사에 의해 정치를 행한다는 의미로 보고 있다. 그리고 현실에서의 그의 실현은 모두가 참여할 수 없는 현실적 제약으로 인해 대의제에 의해 이루어진다는 견해를 따르고 있다. 문제는 그러한 대의제에 의한 민주주의 실현은 가치지향성을 만족시키지 못하는 경우가 많다는 점이다. 더군다나 우리 사회의 민주주의의 실제는 절차적 민주주의에 의해 국민의 의사가 무시당하는 경험을 가졌다.

불교의 모든 정치적 판단 근거는 연기법에 의거해야 하며 그리하면 모든 존재가 상의상관적 관계 속에 존재하게 되는 것이다. 이 불교의 정치적 가치지향을 정법주의라 부르는 것이다. 불교는 대승불교로 발전함에 따라 승가의 운영원리도 변화하였으며 모든 의사결정을 만장일치로 결정하였다. 정치적으로 군주제가 확립된 시대였기에 군주의 의사결정은 의사수렴 과정의 민주성을 담보한 위에서 이루어졌다는 것이다. 승가 운영의 민주성은 수계절차, 승가공동체 생활의 모든 의사결정 과정에서 나타났다. 승가의 일상생활이나 행사 등은 전원 합의와 전원 찬성에 의해 결정되며 한 사람의 이의가 제기되어도 집행되지 않는다. 이를 승가갈마 혹은 갈마(Karma)라 한다. 승가의 일상생활과 관련되는 대소사를 결정하는 일을 대중공사라 한다.

이러한 견해는 연구자가 주장하는 대로 민주주의의 형식성 혹은 제약성을 논리적으로 그리고 현실적으로 배제하게 되는 것이다. 민주주의를 의사수렴이라는 형식에 국한시켜서 논의를 전개하게 되고 가치지향성을 논하지만 전제군주를 통한 법의 실현이 그 점을 훼손시키지는 않는지 숙고해야 할 사항이다.

오문환의 「동학에 나타난 민주주의: 인권, 공공성, 국민주권」은 제목처럼 민주주의를 인권, 공공성, 국민주권의 문제로 집약하고 있다. 가치지향을 이야기하자면 동학에서는 인권의 각성을 도덕 민주주의로 규정한다.

그것은 접포제의 실시에서 보이듯이 자발적인 공공성의 위에서 실현되었다. 내정에 대한 비판과 일제의 침략에 대한 저항을 보여주어 근대 민족국가적 민주주의의 지향성을 보여주었다고 강조하였다. 그러나, 이른바 절차적 민주주의는 보이지 않는다고 결론지었다. 앞서의 접포제를 자치의 시원으로 규정하고 공공성의 측면에서는 평가하였지만 절차적인 성격으로는 보지는 않았다. 그럼에도 불구하고 민주주의의 원형으로 바라보고 있는 것은 민주주의의 진정한 내적 가치를 실현할 수 있는 측면을 동학에서 찾으려 한 데 있다.

김무진의 「조선시대 향약 및 향안조직에서의 의사 결정구조」에서 다루는 마을의 소통체계는 향약과 향안이다. 유교사상을 바탕으로 어떠한 의사소통 체계가 있었으며 그 의사결정 구조는 어떠한가에 대한 구체적 사례 연구이다. 향약은 조직 자체가 그를 주도하는 주체가 행하는 마을이나 고을 사람들에 대한 의사표현이다. 이러한 향촌의 단위조직들의 내부에 꾸려진 인적 조직은 의사소통 기구이자 경로를 의미한다. 향약에서의 각종의 회의나 강신은 그러한 의사소통 기구이었다. 향안 조직은 양반층 안의 조직이다. 그러한 점에서 조직원 상호 간의 의사소통의 내용이 제한을 받지는 않는다. 단 정치적인 언사를 금하는 것이 규정되었건 규정되지 않았건 지켜야 할 덕목이었다. 그렇게 일부 제한된 범주를 가지고 있었지만 향약이나 향안의 소통의 내용은 마을살이의 거의 모든 분야에 걸치는 것이었다.

이해준의 「한국의 마을문화와 자치·자율의 전통」은 마을문화 속의 자치와 자율의 특징을 (1) 민주적 의사결정 구조, (2) 평등과 공평성의 추구, (3) 결속과 공생을 위한 자치자율의 실현, (4) 조직의 관리와 결속도모를 위한 철저한 불문율로 규정하고 있다. 전통 마을은 공동체적 생활방식을 가지고 있으며 그것은 자율적 운영체계이었음을 강조하였다. 자치자율 조직의 흔적을 동린계와 향도 그리고 상하합계 등에서 찾고 있으며 특히 두레 조직을 분석하여 자치적인 모습과 그를 통한 결속의 내용을 찾고 있다. 이른바 절차적 민주주의의 모습을 의사결정과정에서 추출하였고 그 가치 지향성을 평등과 공평성으로 규정하였다. 그러나 연구자가 지적한대로 신분제 사회에서의 자율은 '권력층의 이데올로기가 허용하는 한'에서의 자율이었다. 그럼에도 불구하고 자율과 자치가 드러나는 것은 두레라는 그것을 부각시킨 대상 조직의 특성 때문이다. '기본적으로 지주층의 참여와 간섭을 배제한' 두레에서의 자율이었다.

이윤갑의 「일제의 식민지 지배와 마을문화의 해체」는 한국 중세사회의 마을을 전형적인 풀뿌리 공동체로 규정하였다. 마을에서는 협동적 공생을 하였으며 윤리적인 공동체의 형성을 지향하는 호혜와 상부상조의 마을문화가 있었다고 규정하였다. 이러한 마을공동체와 마을문화는 일제가 자본주의 질서를 강제 이식하는 과정에서 해체되었다는 것이다. 조선후기의 마을은 여러 요소들이 순기능적으로 결합하였다. 향약과 같은 것이 신분적 지배와 차별 질서를 강화하려 할 경우 마을 공동체의 자율성과 자립기반을 약화시킬 수 있었지만 재지사족의 향약공동체는 마을을 안정적인 윤리적 공동체로 유지케 하였다는 것이다. 지주제나 국가의 진휼정책이나 부세수취제 역시 마을을 해체시키지 아니하고 오히려 자연촌을 자족적으로 상부상조하고 협동하는 자율적인 공생공동체로 발전시키었음을 강조하였다.

이러한 마을의 소통체계는 개인 간의 관계에서부터 마을 전체에 이르기까지 이루어진 것으로 보고 있다. 그 소통은 공적인 것과 사적인 것으로 나누어 이루어졌으며 그 소통망은 대체로 지역촌 범위였음을 말하였다. 이러한 마을이 일제에 강점당하면서 해체되었다. 마을은 시장체제와는 결코 양립할 수 없는 윤리적 공생과 호혜적 협동을 추구하는 것이었기에 해체되었다는 것이다. 특히 농촌진흥운동은 마을의 전면적인 해체를 가져오고 마을은 통제 경제적 시장체제에 맞게 재조직되었다는 것이다.

향안에서의 의사결정이나 불교에서의 승가의 의사결정 그리고 두레에서의 의사결정은 조직 내의 위상은 혹 다르겠으나 동질의 구성원들에 의한 것이라는 점에서 공통이다. 단순히 의사를 수렴하는 체계를 갖추었다는 점에서는 민주주의를 논할 수 있겠으나 가치지향성에서 보아 민주주의의 원형 찾기에는 근본적인 문제가 있다. 그 점에 대해서는 각각의 연구자가 그 한계를 지적하고 있음을 상기할 필요가 있다.

우리는 우리의 역사에서 의사소통의 체계를 살펴보고 우리의 전통사회의 운영원리에서 민주주의의 가치지향을 찾아보려 하였다. 여기에 펼쳐진 민주주의에 대한 견해가 통일되었다든가 혹은 의사소통 체계에 대한 이해가 똑같지는 않다. 그러나, 의사 소통체계를 확인하고 마을문화의 한 측면을 검토하였다는 점을 스스로 위안으로 삼는다. 연구자 간의 의사소통, 학제 간의 의사소통, 사회와 학문과의 의사소통의 필요성을 절감한 좋은 기회였다. 함께 공부하고 견해를 주고받은 모든 발표자 및 토론자 그리고 본 연구를 진행할 수 있도록 도와준 한국학연구원 관계자 여러분에게 깊은 감사의 말씀을 드린다.

2006년 5월

김 무 진

차 례

이야기를 나누고 생각을 모아 함께 사는 것 | 머리말 5

유교 정치사상과 새로운 정치의 모색 홍승표 19
1. 현대 정치의 역설逆說 19
2. 유교 정치사상과 현대 정치 비판 23
3. 유교 정치사상과 새로운 정치의 모색 38
4. 유교와 새로운 정치 50

불교의 정치문화 전통과 민주주의 유승무 57
- 가치지향과 의사결정의 민주성을 매개로 -
1. 서 론 57
2. 정치문화와 민주주의 61
3. 불교 속의 정치적 가치 지향과 민주주의 64
4. 불교적 의사결정방식과 계승 그리고 민주주의 70
5. 한국불교의 승가운영의 민주성 75
6. 결 론 84

동학에 나타난 민주주의: 인권, 공공성, 국민주권 오문환 87
1. 민주주의와 동학 87
2. 인권: 시천주侍天主 91
3. 공공성(publicity): 접포제接包制 99
4. 국민주권: 전쟁과 혁명 107
5. 맺음말 115

조선시대 향약鄕約 및 향안조직鄕案組織에서의 의사결정구조 김무진 121
1. 머리말 121
2. 향약에서의 의사결정구조 125
3. 향안에서의 의사결정구조 141
4. 향중공론 형성 조직 및 세력 145
5. 맺음말 154

한국의 마을문화와 자치·자율의 전통 이해준 159
1. 머리말 159
2. 전통마을 자치·자율의 성격 160
3. 전통마을 자치·자율(조직)의 변천사 164
4. '두레' 조직의 자치·자율 문화 169
5. 맺음말－자치·자율의 공동체 생활문화 174

일제의 식민지 지배와 마을문화의 해체 이윤갑 183
1. 머리말 183
2. 한말의 마을문화와 소통체계 187
3. 일제의 식민지 근대화정책과 마을의 해체 199
4. 맺음말 219

유교 정치사상과 새로운 정치의 모색

홍승표

1. 현대 정치의 역설逆說

정치의 궁극적인 목적은 무엇인가? 그것은 두말할 나위 없이 사회 구성원들이 편안하고 인간다운 삶을 살 수 있는 '살기 좋은 세상'을 만들어가는 것이다. 하지만, 현대의 정치적 상황을 바라보면, 정치가 성공을 거두면 거둘수록, 이 세상은 점점 더 '살기 나쁜 세상'이 되어간다고 하는 역설적인 상황에 직면하고 있음을 알 수 있다. '살기 좋은 세상'을 만들기 위한 노력이, 결과적으로는 '살기 나쁜 세상'을 초래한다고 하는, 정치의 소외가 심각한 수준에 이르렀다. 이런 현대 정치의 역설적인 상황에 직면하여, 이 글은 이런 유교 정치사상의 기반 위에서 현대 정치의 근원적인 문제들을 비판하고 탈현대의 새로운 정치의 틀을 모색하고자 한다.

예를 들어서 생각해 보자. 미국은 현대 정치의 이상이 가장 많이 실현된 대표적인 국가의 하나일 것이다. 그렇다면 미국은 현재 살기 좋은 나라인가? 근대적인 관점에서 보았을 때, 미국은 가장 살기 좋은 나라의 하나이다. 미국은 자유로우며, 물질적으로 풍요롭고, 강한 국력을 갖고 있으며, 또한 민주적인 정치가 행해지고 있다. 하지만 실제 미국인들의 느낌과 행태를 살펴보면 미국은 가장 살기 나쁜 나라의 하나라는 생각이 든다.

미국 사회에는 범죄가 만연하여 있다. 2005년 4월 25일 워싱턴 AP연합이 작성한 기사에 따르면, 미국 감옥의 재소자 수자는 210만 명에 달하며, 인구 10만 명당 726명이 수감되어 있는 상태이다. 이것은 세계에서 가장 높은 수감률이다. 미국 법무부 통계를 분석하면, 미국의 20대 후반 흑인 남성 중 12.6%가 수감되어 있어 같은 연령층 히스패닉 남성 중 3.6%, 백인 남성 중 1.7%가 수감되어 있는 수치에 비해 현저한 인종적 격차를 보이고 있다. 1995년 이래 수감자 수는 연 평균 3.5% 꼴로 늘어나고 있는데 이는 범죄가 상습화되고 있음을 보여주는 것으로 석방된 수감자 3명 중 2명이 3년 안에 다시 복역하는 것으로 나타났다.

미국인들의 정신 건강 상태는 위험 수준에 도달하였다. 콤튼 전자 백과사전(Compton's Encyclopedia Online) 1998년 자료에 의하면, 미국 인구의 16-25%가 250 종류가 넘는 수많은 형태의 정신병(Mental Illness)을 앓고 있다. 그러나 이 수치조차도 신고 되어 밝혀진 숫자에 불과하다. 실제 정신병을 앓는 숫자는 공식수치보다 훨씬 높다고 한다.

미국인들은 높은 자살률을 기록하고 있다. 국립정신건강원(National Institute for Mental Health) 1998년 자료에 의하면, 1995년의 경우 전국에서 31,204명이 자살했다. 이 통계에 의하면 매 7분당 한 명이 자살하는 셈이다. 미국 한 해의 자살 수는 한 해 강력범죄(Homicide) 건수보다 높다고 한다.

미국인들의 약물 중독률은 심각한 수준에 도달하였다. NCHS(National Center for Health Statistics)가 제공하는 통계에 따르면, 2003년 당시 미국 12세 이상의 인구 중에서 지난달에 비합법적인 약물을 복용한 적이 있는 사람이 전체의 8.2%에 달하였으며, 지난달에 마리화나를 흡연한 경험이 있는 사람이 6.2%에 달했다.

자살·약물 중독·범죄·정신병 등과 같은 것은 모두 불행감이 참을 수 없는 수위에 도달하였을 때 일어나는 것이다. 미국인들이 이런 수치가 높다는 것은, 미국인들이 현재 세계에서 가장 고통스럽고 불행한 삶을 살고 있는 국민들 중의 하나임을 보여주는 것이다.

근대적 관점에서 보면, 가장 살기 좋은 나라의 하나인 미국이, 실제적으로는 가장 살기 나쁜 나라의 하나가 되는 이 엄청난 괴리를 어떻게 설명할 수 있을 것인가? 그 답은 근대적 관점이 현실과 더 이상 합치하지 않는다는 것이다. 과거 빈곤과 무지, 압제에 시달리던 전근대적 사회가 근대적 비전에 따라서 경제 성장을 달성하고 민주적인 사회 질서를 구축했을 때, 그것은 현실적인 사회 발전을 의미하였다. 하지만 어느 정도 경제 성장과 민주화를 달성한 현재의 시점에서 여전히 경제 성장과 민주화만을 추구한다면, 그것은 사회 발전이 아니라 사회 퇴보를 가져오게 된다. 이것이 바로 현대 정치의 소외의 본질이다.

결국, 현대 정치의 소외는 현대인들이 근대적 세계관에 고착되어 있다는 점에서 근원한다. 좋은 정치란 보다 나은 세상을 만들어가는 것이다. 그런데 근대적 세계관의 관점에서 보면, 살기 좋은 세상이란 보다 부강한 사회 또는 합리적인 사회를 의미한다. 왜 그러한가? 근대적 세계관의 핵심은 모든 존재들 간의 근원적인 분리를 전제한다는 점이다. 인간 역시 자신을 둘러싸고 있는 세계와 근원적으로 분리된 고립적인 개체로 인식된다. 이 때, 인간은 이성을 갖고 있는 욕망의 주체가 된다.

근대적 인간관의 관점에서 보면, 인간다운 인간이란 이성적이며 욕망 충족적인 삶을 살아가는 사람이며, 살기 좋은 세상이란 합리적이며 부강한 사회를 뜻하게 된다. 이런 까닭으로 근대적 세계관에 바탕을 두고 있는 현대 정치는 부유한 사회의 건설이나 민주 사회의 건설을 정치의 궁극적인 목적으로 삼고, 이를 추구하여 왔다. 그러나 미국 사회에서 볼 수 있듯이, 현대적 성취를 상당 정도로 달성한 사회가 계속해서 현대적인 정치의 목표만을 추구하게 되면, 파국적인 결말을 맞이하게 된다.

실제가 이러함에도 불구하고, 근대적 세계관의 지배를 받고 있는 현대 사회는 지금도 근대의 완성을 향한 맹목적인 노력을 계속하고 있다. 이리하여, 현대는 '살기 좋은 세상을 추구하고 달성하는 것이 오히려 살기 나쁜 세상을 초래한다'라고 하는 역설적인 상황에 직면하게 된 것이다. 이것이 바로 현대 정치의 소외의 진상이다. 그러므로 현대 정치가 소외에서 벗어나서, 진정으로 '살기 좋은 세상'을 만드는 데 기여하기 위해서는 새로운 세계관적 기초가 필요하다. 이 글에서는 유교 정치사상에서 새로운 정치를 위한 세계관적 기초를 모색해 보고자 한다.

유교와 유교 정치사상에는 전근대적인 측면과 근대친화적인 측면, 그리고 탈근대적인 측면이 모두 포함되어 있다. 군주제나 신분 제도라든가, 임금에 대한 충성의 강조, 자유나 인권 사상의 부재 등과 같은 것들은 유교 정치사상의 전근대적 요소들이다. 유교 정치사상의 이런 측면들은 당연히 청산의 대상이 되어야 할 것이다. 또 균均에 대한 강조, 민본주의사상, 사간 제도 등과 같은 것들은 유교 정치사상의 근대친화적인 요소들이다.

이 글은 유교 정치사상에 전근대적인 측면과 근대친화적인 측면이 많이 포함되어 있음을 인정한다. 하지만 이 글의 주된 관심은 유교 정치사상에 내포되어 있는 탈현대적 요소들이다. 이 글의 목적은 현대 정치의 위기의 본질을 해명하고, 새로운 정치를 모색하는 데 있어서, 유교 정치사상 중에서 효용이 있는 탈근대적인 측면들을 집중적으로 조명하고, 이에 바탕하여 미래의 새로운 정치를 모색해 보고자 하는 것이다.

2. 유교 정치사상과 현대 정치 비판

1장에서 살펴보았듯이, 현대 정치가 심각한 위기에 직면하게 된 근본적인 원인은 근대적 세계관이다. 근대적 세계관의 관점에서 보았을 때, 인간은 세계로부터 분리된 개체이며, 이성을 갖고 있는 욕망의 주체이다. 이런 인간관을 전제했을 때, '살기 좋은 세상'이란 욕망 충족적인 사회 그리고 합리적인 사회를 의미하게 된다. 이리하여, 욕망 충족적인 사회와 합리적인 사회의 건설은 계몽의 기획에 있어서 두 축이 되었으며, 현대 정치의 주요 목표로 자리잡게 되었다.

이에 따라서, 현대 정치는 민주적인 절차와 사회 제도의 건설과 과학기술의 발달에 바탕 한 경제 성장에 총력을 기울였으며, 이런 의미에서 많은 것을 성취하였다. 하지만 현대 정치는 이런 정치의 목표가 전근대에서 근대로의 이행기에만 적합성을 가질 수 있는 한시적인 것이라는 사실을 간과하였다. 그래서 현대적인 정치의 목표를 정치의 영속적이며 보편적인 목표로 간주함으로써, 결국 이것은 현대 정치를 파국으로 몰아넣는 질곡이 되어버렸다.

이와 같이, 현대 정치의 근본적인 문제는 우리들이 근대적 세계관에 고착됨에서 비롯된 것이므로, 세계관의 전환을 통해서만 벗어날 수 있다. 이 장에서는 유교적 세계관을 기반으로 하여, 현대 정치가 직면하고 있는 근본적인 문제점들을 짚어보고, 이런 현대 정치의 문제들이 어떻게 근대적 세계관과 연관되어 있는가를 밝히도록 하겠다.

1) 현대 정치의 부국강병책에 대한 비판

오늘날 세계 각국의 정치를 바라보면, 부강하지 않은 나라도 부강한 나라도 모두 맹목적으로 부유하고 강대한 국가 건설을 추구하고 있음을 알 수 있다. 예컨대, 대통령 선거 캠페인이 벌어지면, 어떤 나라의 어떤 후보이건 간에 하나 같이 시장 경제의 확대를 통한 경제 성장을 주된 선거 공약으로 내걸고 있음을 볼 수 있다. 특히 이미 상당한 정도로 부유함과 강대함이라는 목표를 달성한 국가들 역시 오로지 부강한 국가 건설에만 매달리는 모습을 바라보면 마치 거대한 집단 정신병동을 보고 있는 듯한 느낌이 든다. '부강한 국가의 건설'을 외치면서 그들은 자신들의 삶과 사회를 황폐화시켜나가고 있는 것이다.

전 세계의 모든 나라들이 추구하는 국가의 부강이란 좋은 것인가? 나쁜 것인가? 그 자체로만 보자면 부유함이나 강대함은 분명히 좋은 것이다. 그러나 현대 사회에서와 같이, 부강 그 자체를 정치의 궁극적인 목적으로 삼는 것에는 문제가 있다. 부강이란 살기 좋은 세상을 이루기 위한 수단이 될 수 있다. 하지만, 그것이 좋은 세상 그 자체를 의미하는 것은 분명히 아니다.

어떤 국가의 국민들이 극도로 빈곤한 상태에 처해 있다면, 그들은 인간다운 삶을 영위할 수 없다. 그러나 어떤 국가의 국민들이 극도로 풍요하다고 해서, 그들이 반드시 인간다운 삶을 영위할 수 있는 것은 아니다. 극도로 빈곤한 상황에서는 경제 성장은 정치의 목표가 될 수 있다. 그러나 경제적으로 상당한 정도로 빈곤을 극복하고 풍요로움을 성취한 상황에서, 계속해서 경제 성장의 달성만을 목표로 삼고, 맹목적으로 이것만을 추구한다면, 이것은 잘못된 정치이다. 현대 국가들의 정치가 모두 이런 잘못된 구조를 갖고 있다. 매슬로우(Abraham Harold Maslow)의 욕구 단계설을 인용하지 않더라도 기본적인 욕구가 충족된 후에도 계속해서 기본적인 욕구의 충족에만 고착되어 있는 사람이 문제가 있다는 것을 쉽게 알 수 있듯이, 부강에 고착되어 있는 현대 국가도 동일한 의미에서 문제가 있다.

부강에 대한 맹목적인 추구가 문제라는 것을 쉽게 납득할 수 있는데도 불구하고, 왜 현대 국가들은 이 문제를 인식하지 못하는 것일까? 그 근본적인 원인은 현대를 지배하고 있는 근대적 세계관에 있다. 근대적 세계관의 관점에서 보면, 부강의 달성은 바로 정치의 궁극적인 목적이며, 좋은 세상 그 자체를 의미하는 것이다. 왜 그러한가? 근대적 세계관의 관점에서 볼 때, 인간이란 이 세계와 근원적으로 분리된 개체이며, 이성을 가진 욕망의 주체이다. 인간을 욕망의 주체라고 간주하였을 때, 인간다운 삶이란 욕망 충족적인 삶을 의미하며, 좋은 세상이란 욕망 충족적인 사회를 가리키게 된다. 국가적인 차원에서 볼 때, 부유함과 강대함의 정도야말로 욕망 충족적인 사회의 핵심적인 지표가 된다. 바로 이런 이유에서, 현대 사회에서는 부강 그 자체가 정치의 궁극적인 목적이 되고, 좋은 사회 자체를 의미하게 된 것이다.

그러므로 근대적 세계관이 지배하는 현 세계에서, 모든 나라들이 자국의 부강을 추구하는 것은 자연스런 일이며, 부강의 맹목적인 추구가 내포하고 있는 문제점을 인식할 수 없다. 하지만 모든 나라들이 무제한적인 부유함과 강대함을 맹목적으로 추구함으로써 현대 사회는 다음과 같은 심각한 문제들을 직면하게 되었다.

첫째, 모든 나라들이 무제한적인 부유함을 추구함으로써, 필연적으로 생산과 소비가 지속적으로 증가하고 있다. 폭발적으로 인구증가를 경험한 인류의 무한한 욕심을 채우기에 지구생태계는 취약하다. 유한한 지구생태계의 측면에서 보았을 때, 지금과 같은 속도로 생산과 소비가 증가하는 것은 바로 생태적 재앙의 위험을 가중시키는 직접적인 요인이 된다.

이미 현 세계는 지나치게 많은 생산과 소비의 결과로, 자원이 고갈되고, 수질 오염과 대기 오염을 비롯한 환경오염의 문제가 가속화되고 있다. 지구상의 많은 생명체들이 병들고 멸종함으로써 생태계의 혼란이 심화되고 있다. 오존층의 붕괴라든가 지구 온난화 현상, 잦은 기상 이변 등 생태적 재앙의 문제는 점점 더 심각한 문제로 우리에게 다가오고 있다. 그리고 이런 모든 환경 문제의 밑바탕에는 무한한 성장을 추구하는 현대 정치가 도사리고 있다.

둘째, 모든 나라들이 자국의 강대함만을 추구하는 패권주의의 결과로, 국가 간 관계가 악화되고 분쟁이 심화되고 있다. 최근의 9.11 테러와 그에 대한 미국의 보복 공격, 그리고 지금도 계속되고 있는 자살 폭탄 테러

등은 현대 사회의 패권주의가 초래하는 황폐한 결과를 잘 보여주는 사례이다. 각 국가마다 패권주의를 추구하게 되면, 상대편 국가는 극복의 대상으로 인식된다. 서로가 서로를 극복의 대상으로 인식하게 되면, 필연적으로 갈등이 유발되게 되고, 서로에 대한 증오심이 증폭된다. 그리고 마침내는 상대편에 대한 파괴 자체가 자기 목적이 되어서 많은 고통과 상처를 낳게 된다. 현재 미국과 중동의 관계는 극단적인 경우이긴 하지만, 관계의 본질이라는 측면에서 보면 현 세계의 모든 국가들은 서로를 지배하고자 함으로써 모두 상처받는 악순환의 틀 속에 빠져 있다.

셋째, 대내적으로 볼 때, 부강함의 추구는 인간 소외의 심화와 인간관계의 악화를 초래한다. 각 국가들이 자국의 부강함을 추구하게 되면, 국민들 역시 부유함의 달성을 궁극적인 목적으로 삼는 삶을 살아가게 된다. 이것은 자신에 대한 진정한 관심과 각성을 저해하는 주요한 요인이 된다는 점에서 인간 소외의 심화를 초래한다. 또한 각자가 자신의 부유함을 추구하게 되면, 희소자원인 부를 차지하기 위한 경쟁과 갈등이 심화된다. 그리고 개인 간의 경쟁과 갈등이 심화될수록, 인간관계는 더욱 긴장에 차고 악화되게 된다.

그러므로 전체적으로 보았을 때, 현대 사회에서는 근대적인 관점에서 볼 때는 정상적인 추구가 현실적으로는 비정상적인 결과를 발생시키는 이상한 상황이 전개되고 있다. 이런 근대적인 추구가 안고 있는 근본적인 문제를 인식하기 위해서는, 사태를 바라보는 관점의 전환이 필요하다. 부강에 대한 유교적인 관점은 이런 현실의 필요에 잘 부응할 수 있다.

공자孔子는 부나 권력, 또는 명예와 같은 욕망 충족의 대상들을 결코 그 자체로서 부정적인 것으로 인식하지 않았다. 뿐만 아니라 이런 것들을 인간다운 삶을 위한 소중한 기초로 받아들였다. 하지만 공자는 이런 것들 자체가 목적이 되어서는 결코 안 된다는 점을 여러 차례 강조하였다. 이런 강조를 담고 있는 『논어論語』의 구절들을 인용한다면 다음과 같다.

『논어』, 「이인里仁」편에서는 다음과 같이 말했다.

부유함과 귀함은 사람들이 하고자 하는 것이나 그 정상적인 방법으로 얻지 않으면 처하지 않아야 하며, 가난함과 천함은 사람들이 싫어하는 것이나 그 정상적인 방법으로 얻지 않았다 하더라도 버리지 않아야 한다.1)

『논어』, 「술이述而」편에서는 다음과 같이 말했다.

부유함이라고 하는 것이 만일 구해서 얻을 수 있다면, 비록 말채찍을 잡는 일이라고 하더라도 나 또한 그것을 하겠다. 그러나 만일 구하여 될 수 없는 것이라면, 내가 좋아하는 바를 따르겠다.2)

『논어』, 「태백泰伯」편에서는 다음과 같이 말했다.

독실하게 믿으면서도 학문을 좋아하며, 죽음으로 지키면서도 도道를 행해야 한다. 위태로운 나라에는 들어가지 않고, 어지러운 나라에는 살

---

1) 『論語』, 「里仁」, "富與貴, 是人之所欲也, 不以其道得之, 不處也. 貧與賤, 是人之所惡也, 不以其道得之, 不去也. 君子去仁, 惡乎成名? 君子無終食之間違仁, 造次必於是, 顚沛必於是."

2) 『論語』, 「述而」, "富而可求也, 雖執鞭之士, 吾亦爲之. 如不可求, 從吾所好."

지 않는다. 천하에 도가 있으면 나타나서 벼슬하고, 도가 없으면 숨는다. 나라에 도가 있을 때에는 가난하고 천한 것이 부끄러운 일이며, 나라에 도가 없을 때에는 부하고 귀한 것이 부끄러운 일이다.[3)]

이상의 몇 가지 인용들을 통해서 부에 대한 공자의 태도를 분명히 알 수 있다. 공자는 부를 좋아하고, 그것을 얻기를 원했지만, 만일 부에 대한 추구가 도道와 어긋나는 것이라면 단호하게 부를 거부했다. 이상주의자이면서도 현실을 무시하지 않았던 공자는 부에 대한 적절한 태도를 갖고 있었다. 어느 정도의 부는 필요한 것이나 그것은 궁극적인 목표로서가 아니라 궁극적인 목표에 이르기 위한 수단으로서였다.

다음의 일화는 공자 사상의 이런 단면을 잘 보여준다.

공자께서 위衛나라에 가실 때에 염유冉有가 수레를 몰았다. 공자께서 "백성들이 많기도 하구나." 하셨다. 염유가 "이미 백성들이 많으면 또 무엇을 더하여야 합니까?" 하고 묻자, "부유하게 해주어야 한다." 하셨다. "이미 부유해지면 또 무엇을 더하여야 합니까?" 하고 묻자, "가르쳐야 한다." 하셨다.[4)]

공자는 정치의 기본은 백성들의 의식주를 풍족하게 해주는 것이라고 생각했다. 하지만 부유함은 정치의 궁극적인 목적이 아니며, 따라서 무제한적으로 부유함만을 추구해서는 안 된다. 유교의 관점에서 볼 때, 현대

3) 『論語』, 「泰伯」, "篤信好學, 守死善道. 危邦不入, 亂邦不居. 天下有道則見, 無道則隱. 邦有道, 貧且賤焉, 恥也, 邦無道, 富且貴焉, 恥也."

4) 『論語』, 「子路」, "子適衛, 冉有僕. 子曰, "庶矣哉!" 冉有曰, "旣庶矣, 又何加焉?" 曰, "富之." 曰, "旣富矣, 又何加焉?" 曰, "敎之."

정치의 근본적인 문제의 하나는 바로 이런 수단과 목적의 전도의 문제이다. 부강이란 정치의 목적이 아니라 이상적인 정치의 실현을 위한 기초에 불과한 것이다. 그러므로 부강이란 적정한 선에서만 추구되어야 하며, 부강에 대한 추구가 궁극적인 목적과 위배되어서는 안 된다. 그러나 현실의 정치를 보면, 부강이 정치의 궁극적인 목적의 자리를 차지하고서 무제한적으로 추구됨으로써, 많은 사회문제들이 발생하고 있는 것이다.

2) 현대 민주주의에 대한 비판

자본주의를 중핵으로 하는 현대의 경제생활과 경제제도에 대한 비판은 이미 광범위하게 진행되어왔고, 이에 대한 대중적인 인식도 상당히 고조되어 있다. 이에 반해서, 자유나 평등, 민주주의와 같은 근대 사회에서 형성된 정치적인 이상들은 여전히 의심할 수 없는 보편적 가치로서 많은 사람들에게 인지되고 있다. 하지만 민주'주의'란 그 자체로서 전도된 개념이다. 민주주의란 인민이 주가 되어야 한다는 '주의(ism)'이다. 여기에서 '민주'는 그 자체로 목적의 자리를 차지하게 된다. 민주적 절차와 정치제도는 좋은 정치를 위한 수단이 될 수는 있다. 하지만 민주적 절차와 정치제도 그 자체가 좋은 정치를 의미하는 것은 결코 아니다.

근대가 만들어 놓은 거대한 고정 관념들 중의 하나는 '제도를 보다 합리적으로 개편하면 모든 문제가 잘 해결될 것이다'라고 하는 신념이다. 정치의 영역에서도 이와 같은 고정 관념이 팽배해 있다. 근대는 민주주의라는 합리적인 정치 제도를 발명하였고, 이를 신봉하고 추구하여 왔다. 현대화의 과정에서 많은 사람들이 민주적인 정치 질서를 실현하기 위해서 왕정이나 독재에 항거하였다. 그런 많은 희생과 노력의 결과로 현대

사회에는 어느 정도 민주적인 정치 제도가 확립되었다. 현대는 '민주적인 정치 제도만 확립된다면 자동적으로 좋은 정치가 이루어질 것'이라고 가정하였다. 하지만 이런 가정은 실제와 부합하지 않는다는 것을 현실을 조금만 주의 깊게 관찰해 보면 알 수 있다.

고대 그리스 시대의 철학자 플라톤(Platon, BC 428~BC 347)은 민주 정체(democracy)에 대해서 부정적인 태도를 갖고 있었다. 플라톤이 가장 이상적으로 생각한 것은 철인왕이 다스리는 최선자最善者 정체였으며, 민주 정체는 최악의 정체인 참주 정체로 넘어가는 과정이라고 생각하였다.[5] 플라톤이 민주 정체에 대해서 부정적인 태도를 갖게 된 데에는 그의 스승 소크라테스(Soōkratés, BC 470~BC 399)의 죽음이 큰 영향을 끼쳤다. 소크라테스는 바로 민주적인 제도와 절차에 의해서 사형을 당하였다. 소크라테스에 대한 재판에서, '찬성 360 대 반대 140' 이라는 상당한 표차로 아테네의 시민들은 사형을 의결하였다. 이런 역사적인 사례는 의결에 참여하는 다수가 불건전한 상태에 있으면, 민주 정치 아래에서 현명한 의사결정이 이루어질 수 없음을 명백하게 보여준다.

민주적인 정치 제도가 정말 우수한 정치 제도라면, 과거 민주적인 정치 제도가 왜 아주 잠깐 동안 고대 그리스 사회에서만 출현하였다가 사라졌을까? 우리는 그 이유를 곰곰이 생각해 보아야 한다. 고대 그리스 사회의 민주주의가 몰락하였던 것은 스파르타에게 아테네가 패배하였기 때문이 아니다. 보다 근본적인 원인은 의사 결정에 참여하는 다수의 시민들이 불건전한 상태에 있어서 현명한 결정을 내리지 못하였기 때문이다. 이 글은 민주적인 정치 제도가 귀족 정치나 왕정보다 열등하다는 것을

5) Platon, 박종현 옮김, 『국가』(서광사, 1997), 8권 참조.

주장하고자 하는 것이 아니다. 이 글이 주장하고자 하는 것은 민주적인 정치 제도의 확립 그 자체가 좋은 정치를 담보하지 않는다는 점이다.

민주 정치가 중우衆愚 정치로 전락한 역사적인 사례는 수없이 많다. 1차 세계 대전 이후 독일은 바이마르 헌법이라고 호칭되는 세계에서 가장 민주적인 헌법을 갖고 있었다. 바로 이 민주적인 헌법 아래서 그리고 민주적인 절차에 따라서 나치즘이라고 하는 최악의 정치 집단이 권력을 장악하였다. 나치즘과 같이 극단적인 경우가 아니라고 하더라도 오늘날에도 선진적인 민주 정치 제도를 확립한 나라에서 비도덕적이고 무책임한 정권들이 빈번하게 탄생하고 있음을 볼 수 있다.

이 글은 민주적인 절차와 제도를 그 자체로서 나쁜 것이라고 주장하는 것이 아니다. 민주적인 절차와 제도는 여타의 정치 제도보다 합리적이고 우월한 것이다. 다만, 이 글은 민주적인 절차와 제도는 좋은 정치를 위한 수단이 될 수 있을 뿐, 그 자체가 '좋은 정치'와 동일시되는 민주'주의'가 되어서는 안 된다는 점을 지적하고자 하는 것이다. 민주 정치를 추구하는 것이 가치를 갖는 것은 오직 독재나 전체주의 체제 아래서 인간의 인권과 자유를 침해받을 때뿐이다. 정치의 궁극적인 목적은 '민주 정치를 확립'하는 것이 아니다. 정치의 궁극적인 목적은 '살기 좋은 세상'을 만들어가는 것이다.

특히, 현대의 민주주의는 근대적 세계관에 바탕을 두고 있다. 근대적 세계관의 관점에서 보았을 때, 인간이란 고립된 개체로서 각자 자신의 욕망을 추구하는 존재이다. 인간에 대한 이런 가정 위에서, 각자의 욕망의 균형과 견제의 원리를 통해서 가장 바람직한 정치가 행해질 수 있다고 본다. 이 때문에, 현대 민주 정치는 쉽게 중우 정치로 전락할 수 있다.

오늘날 민주 정치의 운명은 상당히 위태로워 보인다. 다수결에 의한 의결 제도가 나쁜 것이 아니라 의결에 참여하는 사람들의 상태가 상당히 불건전해 보이기 때문이다. 근대적 세계관의 지배 아래서, 유권자들은 정치인들에게 자신들의 사회를 다른 국가들보다 더 부유하고 강대한 국가로 만들어 달라고 요구한다. 그리고 그렇게 할 수 있다고 생각되는 정치인들에게 자신의 표를 던진다. 민주주의가 가장 많이 발달해 있는 나라 중의 하나인 미국의 정치를 보면, 현대 민주주의의 위기를 잘 느낄 수 있다.

근대적 관점에서 볼 때, 인간은 욕망의 주체이다. 그러므로 현대인은 누구나 자신의 이익만을 우선시하고 추구한다. 그러므로 권력을 소유한 사람들이 권력을 자신의 이익을 위해서 남용하지 않도록 하기 위해서는 법률에 의해서 그들의 권력을 통제해야만 한다. 상호간의 감시와 감독이 이루어졌을 때만 권력의 남용을 막을 수 있다고 본다. 삼권분립이나 정당간의 상호 견제, 언론에 의한 비판과 견제 등이 상호 감시와 감독을 위해서 현대가 만들어 놓은 주요한 장치들이다. 한 마디로 말해서, 현대 민주 정치의 바탕에는 인간에 대한 짙은 불신이 깔려 있다.

실제로 현대 민주 사회에서 정치인들은 소외된 인간이 주류를 이루고 있음을 볼 수 있다. 현실의 정치인들의 다수는 자신의 권력과 이익을 증대시키는 데 관심을 집중하고, 상대편의 약점을 찾고 드러내는데 혈안이 되어있다. 정치가들은 권모술수에 능한 비도덕적인 사람들이 많다. 심지어는 정치적인 인간이라는 말이 비도덕적인 인간이라는 말과 동의어로 사용되기도 한다.

유교 정치사상에는 반민주적이거나 비민주적인 특성들이 다분히 내포되어 있다. 유교 정치사상이 갖고 있는 이런 전근대적인 측면들은 과감하게 제거되어야 한다. 하지만 유교는 '도덕적 본성의 소지자로서의 인간'이라는 관점을 갖고 있으며, 인간의 도덕적인 본성을 계발하는 것을 이상 정치의 근본이라고 보았다는 점에서, 현대 민주 정치의 근본적인 문제를 인식할 수 있는 시각을 제공해 줄 수 있다.

수신修身의 주체를 왕과 관료를 포함한 소수의 지배계급으로부터 일반 민중으로 확대시키기만 한다면, 유교는 욕망의 주체로서의 인간관에 바탕을 두고 있는 현대 민주 정치가 왜 그렇게 빈번하게 중우 정치로 빠져버리는 가를 인식하고 비판할 수 있는 새로운 시각을 제공해 줄 수 있다. 또한 수신의 과정을 통해서 도덕적인 본성을 확충시키는 것을 정치인이 되는 조건으로 간주하는 유교 정치사상의 관점에서 보면 현대 정치의 비도덕성의 문제에 대한 비판적 시각을 제공해 줄 수 있다.

3) 현대 국제 정치에 대한 비판

오늘날 국제 정치를 바라보면, 세계는 자국의 이익을 얻기 위한 각축장이 되어버렸다는 생각이 든다. 큰 나라와 작은 나라, 강한 나라와 약한 나라가 평화로운 공존과 조화의 관계를 이룰 수 있는 지혜는 무엇인가? 노자老子는 "큰 것이 마땅히 아래에 위치하는 것"[6]이라고 말했다. 그러나 오늘날 현실의 국가 관계는 이와 반대이다. 크고 강한 나라는 작고 약한 나라의 위에 군림하고자 한다. 각국은 자국의 이익을 달성하기 위해서는 배반이나 상대 국가에 대한 폭력을 마다하지 않는다. 오늘날의 국제 정치에서는 상대 국가에 대한 진정한 이해나 우애의 정신은 찾아볼 수

6) 『老子道德經』, 61장, "大者宜爲下."

없다. 이런 가운데, 국가 간의 상호 불신과 증오심은 깊어가고 있다.

이런 국제 정치의 현실은 현시대의 요청과는 너무나도 동떨어져 있다. 오늘날 세계는 지구촌이라고 불리어 지는 새로운 시대로 진입하고 있다. 각 민족이나 국가 간의 교류가 확대되고, 관계가 밀접해지고 있다. 그러므로 서로 다른 언어와 문화를 갖고 있는 수많은 민족이나 국가들이 평화롭게 공존하고 조화를 이루어나갈 수 있는 지혜가 절실히 필요하다. 하지만 현실의 국제 정치는 이런 시대의 당위적 요청과는 정반대의 방향으로 흘러가고 있다.

현대적인 형태의 국제 정치가 본격적으로 시작된 것은 제국주의 사조가 팽배했던 근대기부터였다. 근대기가 시작되면서, 아프리카와 아메리카, 아시아 대륙 등에서, 서구 사회의 비서구 사회에 대한 무차별적인 침략이 자행되었다. 침략의 근거는 그들이 더 힘이 세고, 상대편의 약한 나라들이 자신들이 필요로 하는 자원을 갖고 있다는 것이었다. 근대 서구 국가들은 자신들의 욕망을 충족시키는 데 소용이 되는 약탈의 대상으로 비서구 국가들을 바라보았다. 그들은 비서구 지역의 땅을 강탈하였고, 많은 자원과 노동력을 착취하였다. 또한 문화적인 측면에서도 많은 폭력을 가하였다. 그 결과로 많은 비서구 사회들이 붕괴되었다. 근대기에 형성된 서구 사회와 비서구 사회 간의 관계는 오늘날에 이르기까지 국가 관계의 모형이 되고 있다.

현대 국가들은 자국의 욕망을 달성하기 위한 극복의 대상으로 상대편 국가를 인식한다. 국가 간의 우정이나 신의 같은 것은 여기에 끼일 여지가 없다. 현대 국가들은 서로 상대편을 이용하거나 지배하려 하며, 상대편에게 굴욕을 강요한다. 이러한 바탕 위에다가 창조적이고 아름다운 국가 관계를 수립하는 것은 불가능하다. 현대의 국가 관계를 살펴보면, 상호 간에 진정한 존중의 정신이나 서로를 진정으로 위해주는 마음은 찾아보기 힘 든다.

9.11 테러 사태는 현대 세계에서 국가 간의 관계의 파탄을 극명하게 보여준 사건이었다. 중동 국가들과 미국 간에는 힘의 논리만이 존재한다. 그들은 서로에 대한 증오심을 숨기려 하지 않으며, 상대편을 파괴하는 것 자체가 중요한 목적이 되어 버렸다. 그러나 공산주의 운동에서 볼 수 있었듯이, 증오는 결코 사랑과 평화를 건설하지 못한다. 증오는 더 큰 증오를 불러일으키며, 나와 너 모두에게 파괴적인 영향을 미친다.

중동의 국가들이나 미국이나 모두 출발점에서 그들이 추구했던 것은 자국의 행복이었을 것이다. 9.11 테러와 미국의 보복 공격 그리고 그에 이은 자살 폭탄 공격 등은 그들의 잔인한 복수심에 약간의 만족을 주었을지 모른다. 하지만 그 대가로 양쪽 모두는 엄청난 불행과 고통을 떠안게 되었다. 누구도 평화와 행복을 얻을 수는 없었다.

한국과 중국의 관계를 보면서도 본질적으로 유사한 문제점을 느낀다. 한국과 중국은 지리적으로 인접해 있고, 근래에 들어서 경제적 · 정치적 · 문화적으로 교류가 급속히 증가하고 있다. 양국은 전통적으로 우호 관계를 유지하였으나 현재는 오직 자국의 이익을 달성하기 위한 이용의 대상물로만 서로를 바라보는 것 같다. 더구나 한국인의 마음속에는 '아직도 가난한 나라로서의 중국'이라는 인식이, 중국인의 마음속에는 '작은 나라로서의 한국'이라는 인식이 도사리고 있어서, 양국 간의 진정한 우호 관계의 발전을 가로막고 있다. 미국과 중동, 한국과 중국 등에서 볼 수 있는 국가 간의 관계 악화는 정도의 차이가 있을 뿐 현대 국제 정치 일반에서 나타나는 국가 관계의 양태들이다.

이렇듯 오늘날 국가 간의 관계가 파탄에 이르게 된 근본적인 원인은 모든 나라들이 자신의 욕망의 충족만을 추구하기 때문이다. 내가 욕망 충족을 추구하는 주체일 때, 나와 마주하고 있는 대상은 나의 욕망을 충족시키기 위해서 극복·이용·갈등·착취해야 할 대상으로만 인식된다. 마주하고 있는 쌍방이 모두 이런 방식으로 상대편을 대하게 되면, 양자 간에는 지배와 복종·갈등·교환·경쟁 등의 관계가 수립된다.

이러한 유형의 관계에서는 자신과 상대편에 대한 근본적인 존중이나 사랑, 애정이 없다. 어떤 관계에서도 자신과 상대편에 대한 진정한 존중의 정신이 없이는 튼튼하고 창조적인 관계를 맺을 수 없다. 바로 이런 이유로 인해서, 현대 사회에서는 모든 형태의 관계들이 혼란과 파탄에 직면하고 있는 것이다.

근대적 세계관의 관점에서 보면, 상호 불신에 기초하고 있는 현실의 국제 정치가 전개되는 것은 필연적이다. 하지만, 유교의 관점에서 보면, 오늘날의 국제 정치는 비정상적인 상태에 빠져있다. 유교적인 관점에서 보면, 모든 인간은 도덕적 본성을 갖고 있으며, 그렇기 때문에 자신을 포함해서 모든 사람을 근본적으로 존중하여야만 한다. 이것은 개인 간의 관계에서만이 아니라 국가 간의 관계에도 적용된다. 각국은 존중하는 마음을 갖고서 타국을 예禮로 대해야만 하며, 이렇게 했을 때 비로소 국가 간의 진정한 화목이 이루어질 수 있다. 현대 국가들은 상대 국가들을 근본적으로 존중하지 않으며, 무례와 비례로 대한다. 이렇게 되었을 때, 국가 간에는 필연적으로 불화가 증폭되며, 인류는 그 고통을 떠안게 된다.

3. 유교 정치사상과 새로운 정치의 모색

앞 장에서는 유교적 관점에서 현대 정치의 문제점을 세 가지 측면에서 비판하였다. 현대 정치는 심각한 문제점에 봉착해 있으며, 진정한 정치 발전을 위한 모색이 시급한 실정이다. 실정이 이러함에도 불구하고, 현대 사회에서 새로운 정치를 모색하는 작업은 미미한 실정이다. 이것은 현대 정치의 기반이기도 한 근대적 세계관에 현대 사회가 얽매여 있기 때문이다. 근대적 세계관의 관점으로부터 벗어나지 않는 한, 현대 사회가 새로운 정치의 비전을 찾는다는 것은 논리적으로 불가능하다.

바로 이런 맥락에서 볼 때, 유교 정치사상은 새로운 정치에 대한 비전을 모색할 수 있는 좋은 토양을 제공해 줄 수 있다. 유교 정치사상은 '도덕적 본성의 소지자로서의 인간'이라고 하는 인간관에 바탕하고 있다. 유교적 인간관은 근대적 인간관과는 상이할 뿐만 아니라 탈현대적 함의를 풍부하게 갖고 있다.

이 장에서는 유교 정치사상의 기반 위에서, 탈현대의 새로운 정치 모델을 모색해 보도록 하겠다. 앞 장에서 행한 현대 정치에 대한 세 가지 비판과 상응해서, 첫째, 유교 정치사상과 새로운 정치의 목표를 제시하고, 둘째, 유교 정치사상과 새로운 민주 정치의 모색하며, 셋째, 유교 정치사상과 새로운 국제 정치의 가능성을 찾아보도록 하겠다.

1) 유교 정치사상과 새로운 정치의 목표

정치의 궁극적인 목표는 '살기 좋은 세상'을 만들어가는 것이다. '살기 좋은 세상'의 의미는 '인간이란 어떤 존재인가' 하는 문제에 대한 해답과

직결되어 있다. 인간을 욕망의 추구자라고 전제하면, 살기 좋은 세상이란 경제적으로나 감각적인 측면에서 욕망 충족적인 사회를 의미하게 된다. 인간을 이성적인 존재라고 전제하면, 살기 좋은 세상이란 사회 제도와 관행이 합리적인 사회를 의미하게 된다. 인간을 '아름다운 도덕적 본성'을 내재하고 있는 존재라고 전제하면, 살기 좋은 세상이란 평화롭고 사랑에 넘치는 사회를 의미하게 된다.

현대 사회에는 근대적 세계관이 지배하고 있고, 바로 이런 이유에서 현대 정치는 근대적 세계관의 바탕 위에서 '살기 좋은 세상'을 추구하여 왔다. 근대적 인간관의 요체는, 1) 욕망 추구자로서의 인간과 2) 이성적인 인간으로 요약할 수 있다. 욕망 추구자로서의 인간관에 바탕을 두고 형성된 현대 정치의 특징이 바로 앞 장에서 비판하였던 부국강병에 대한 맹목적인 추구와 국가 간 관계의 악화로 나타나고 있다. 그리고 이성적인 인간관에 바탕을 두고 형성된 현대 정치의 특징이 민주 정치에 대한 추구로 나타나고 있다. 요약하자면, 현대 정치는 전근대 사회와 비교할 때 엄청난 성취를 이루어내었으나 오늘날에 이르러서는 현대적인 추구 자체가 새로운 질곡이 되어 현대 정치는 깊은 위기 상황에 빠져 있다.

이런 현대 정치의 위기를 벗어나기 위해서 해야만 할 첫 번째 작업은 무엇일까? 정치가 궁극적으로 도달하고자 하는 '살기 좋은 세상'에 대한 새로운 의미를 규정하는 일이다. 또한 새로운 정치의 목표를 설정하기 위해서는 새로운 세계관과 인간관적인 토대가 필요하다. 유교와 유교 정치사상은 이런 맥락에서 새로운 정치의 목표 수립을 위한 좋은 기반을 제공해 줄 수 있다.

유교의 인간관은 근대 서구적 인간관을 포함해서 동서양의 다른 인간관과는 구분되는 독특한 특징을 갖고 있다. 그것은 여타 사상들이 인간의 한 측면을 강조해서 일면적인 존재로서 인간을 부각시키는데 반해서, 유교는 총체적인 존재로 인간을 인식하고자 한다는 점이다. 이런 유교 인간관의 특징은 근대적인 성취의 바탕 위에서 더 살기 좋은 세상을 모색해야 하는 현 시대의 요구와 잘 조응할 수 있다는 강점이 될 수 있다. 유교의 총체적 인간관의 특징을 조금 상세하게 살펴보도록 하자.

유가 사상가들은 인간을 다양한 특징을 동시에 갖고 있는 총체적인 존재로 인식한다.[7] 유가 사상가들은 자연과 인간, 인간과 사회, 정신과 육체는 서로 분리될 수 없는 상호 연관된 일체이며, 서로를 포함한다고 보았다. 자연 속에 인간이 있고, 인간 속에 자연이 있어, 주체와 객체가 서로 포용한다는 것이다.[8]

유가 사상가들은 인간이 지니고 있는 어떤 특징들에 대해서도 부정적인 시선으로 바라보지 않았다. 공자나 맹자는 "욕심을 줄일 것(寡欲)을 주장했지만 무욕無欲이나 멸욕滅欲은 결코 말한 적이 없다."[9] 인간의 욕망이나 감각적 즐거움의 추구를 죄악시하지 않았던 것이다. 공자는 몇 차례에 걸쳐서 "나는 덕을 좋아하기를 여색을 좋아함과 같이 하는 사람을 보지 못하였다"[10]고 말하였다. 이 말 속에는 남녀가 서로 좋아하는 감정을 사람의 자연스러운 본성으로 수용하는 태도가 담겨 있다. 또한 『논어』의 여러 군데에서, 술과 음식, 음악을 공자가 즐기는 장

7) 유가의 총체적 인간관에 대해서는 홍승표(1998)의 논문 「현대 사회학의 인간관 비판과 유가 사상에 나타난 인간관의 사회학적 함의」, pp. 550-551을 참조하였음.

8) 楊的, 노승현 옮김, 『동서인간론의 충돌』(백의, 1997), p. 129 참조.

9) 같은 글, p. 179.

10) 『論語』, 「子罕篇」, "吾未見好德如好色者也."

면이 묘사되어 있는데, 이는 인간의 욕망과 감각적 즐거움에 대한 유교의 입장을 드러내어 준다. 맹자도 "사람으로서 부하고 귀하게 되는 것을 원하지 않는 사람이 누가 있겠는가!"[11]라고 하여, 부귀에 대한 욕망은 모든 사람에게 자연스러운 것임을 말하였다. 맹자가 묘사하고 있는 이상 사회는 물질적인 측면에서 보았을 때, 백성들이 굶주리거나 추위에 떨지 않고, 오십이 넘은 사람이 비단옷을 입을 수 있으며, 칠십이 된 노인이 고기를 먹을 수 있는 사회이다.[12] 인간의 기본적인 욕망의 충족은 유가적 이상 사회의 중요한 요소이고, 인간다운 삶과 도덕적인 사회 건설의 전제로 간주된다.

인간의 자연스러운 정감에 대한 태도도 이와 유사하다. 인의예지의 발현으로서의 사단四端, 즉 측은해하는 마음(惻隱之心), 부끄러워하는 마음(羞惡之心), 사양하는 마음(辭讓之心), 분별하는 마음(分別之心)과 같은 도덕적 정감은 물론이고, 기쁨(喜), 분노(怒), 슬픔(哀), 즐거움(樂)과 같은 정감에 대해서도 결코 이를 근본적으로 부정하지 않는다. 다만 이러한 정감들이 주어진 상황에 맞게 발현되어야함을 주장할 뿐이다.[13]

이렇듯 유가 사상가들은 인간의 자연적 본성, 감각적 즐거움, 부귀와 명예를 근본적으로 긍정하고, 추구하였지만, 이러한 것들을 삶의 궁극적 목표나 추구의 대상으로 삼았던 것은 아니다. 욕망에 대한 긍정과 추구는 그것이 도道와 어긋나지 않는다는 전제 하에서만 용인되었다. 즉, 자기 수양을 통해서 내면의 도덕적인 본성을 자각하고 실현한다는 것은 인생

---

11) 『孟子』, 「公孫丑下篇」, "人亦孰不欲富貴."

12) 『孟子』, 「梁惠王上篇」 참조.

13) 蒙培元, 이상선 옮김, 『中國心性論』(법인문화사, 1996), p. 33 참조.

의 궁극적인 목적이고, 여타 욕구의 충족이란 이것을 위한 과정적이고, 수단적인 의미를 가지며, 이것과 배치되지 않는 한에서 받아들여지는 것이다.

공자는 "나라에 도가 있을 때에는 가난하고 천한 것이 부끄러운 일이며, 나라에 도가 없을 때에는 부유하고 귀한 것이 부끄러운 일이다"[14]라고 했다. 맹자는 "배부르게 먹고, 따스한 옷을 입고서, 편안하게 거처하기만 하고, 가르침이 없다면 이것은 금수에 가까운 것이다"[15]라고 하였다. 이 두 개의 인용구는 유교가 부귀나 명예 등에 대한 유교적인 관점을 잘 보여준다.

유가는 도덕적 본성의 자각과 실현에 바탕 한 존재의 변화, 현재의 존재 상태로부터의 초월을 강조하지만, 유가의 초월은 육체적이고, 감정적이며, 사회적인 자기 존재에 대한 철저한 부정을 통한 초월이 아니라 이러한 존재 가운데서의 초월이라는 점에서 동양 사상의 불가佛家나 도가道家 또는 서양의 현세적 자아의 초월에 대한 철학과 구분되는 독특한 특징을 보인다. 유가는 다양한 인간 본성을 근본적으로 긍정하는 가운데, 성정性情의 조화를 포함해서 다양한 인간 본성과 도덕적 본성과의 합체를 추구한다.

이런 유교적 인간관의 관점에서 볼 때, 정치의 궁극적인 목적이 될 수 있는 이상적인 사회는 어떤 사회일까? 첫째, 유교적인 이상사회는 금욕적인 사회가 아니며, 현대 사회가 이루어낸 물질적인 성취가 유교적인 이상사회의 기반이 된다. 둘째, 이런 기반 위에서 도의적인 사회를 건설

---

14) 『論語』, 「泰伯篇」, "邦有道 貧且賤焉 恥也 邦無道 富且貴焉 恥也."

15) 『孟子』, 「滕文公上篇」, "飽食煖衣 逸居而無敎 則近於禽獸."

하는 것이 새로운 정치의 궁극적인 목표가 된다. 그러므로 상당 정도의 물질적인 성취를 달성한 현대 사회에서는 도의적인 사회의 건설이 지금 이 시점에서의 궁극적인 정치의 목적이 되어야 한다.

유교적인 관점에서, 새로운 정치의 목표라고 할 수 있는 도의적인 사회란 어떤 사회를 가리키는가? 새로운 정치가 추구하는 목표는 더 이상 부유하고 강대한 국가의 건설이 아니다. 이상적인 국가의 모습은 평화를 사랑하는 아름다운 나라이다. 새로운 정치의 목표로서 도의적인 사회는 다음과 같이 몇 가지로 요약해 볼 수 있다.

첫째, 도의적인 사회란 인간의 내면에 존재하는 도의성이 발현된 사회이다. 여기에서는 더 이상 탐욕이나 폭력이 우리를 지배하지 않는다. 욕망의 충족이란 목표의 자리에서 수단의 자리로 물러서고, 내적인 도의성의 실현이 궁극적인 목적의 자리를 차지하게 된다.

둘째, 도의적인 사회란 상호 존중과 신뢰로 서로 맺어지는 사회이다. 사람들은 더 이상 자신을 욕망의 덩어리로 바라보는 자기비하적인 관점을 갖지 않는다. 각자는 자신과 세상에 대한 깊은 존중의 정신을 갖고 있다. 이에 따라서, 오만과 비굴이 자취를 감추고 서로를 깊이 존중하는 가운데 신의로서 모든 관계가 맺어진다.

셋째, 도의적인 사회란 사회적인 약자도 강자와 마찬가지로 존중받고 대접받는 사회이다. 노인들이나 어린 아이들, 여성들과 같이 힘이 약한 사람들도 힘이 강한 사람들과 마찬가지로 존중받으며, 가난하거나 권력이 없는 사람도 무시당하지 않는 사회이다. 이런 약자에 대한 존중이 국가 간의 관계에도 확대된 사회가 도의적인 세상이다.

2) 유교 정치사상과 새로운 민주 정치의 모색

이 글에서 주장하는 탈현대적인 이상 정치는 반민주적이거나 비민주적인 정치가 아니다. 과거 군부 통치 하에서, 한국 사회는 반민주적인 독재 정치가 얼마나 많은 고통과 비인간화를 초래하는가를 생생하게 경험하였다. 한국인들은 민주주의를 열망하였으며, 수많은 사람들이 고문과 투옥 등의 희생을 치르면서, 한국 사회는 민주주의를 쟁취하였다. 민주 정치는 커다란 대가를 치르고서 얻어낸 값진 결실이다.

하지만 민주적인 절차와 제도의 가치를 충분히 수긍한다고 하더라도 민주주의 자체를 목적으로 추구해서는 안 된다. 이럴 경우, 민주주의에 대한 비판에서 살펴보았던 바와 같이 민주주의는 쉽게 중우정치로 전락하여 많은 고통과 파괴를 낳게 된다. 민주 정치란 궁극적인 목적이 아니라 정치의 궁극적인 목적에 이르기 위한 하나의 수단이라는 것을 직시하는 것이 중요하다.

현대 사회는 많은 희생을 치르고 성취한 민주 정치를 현재보다 더 낳은 상태로 발전시켜가야만 하는데, 유교 정치사상은 이런 맥락에서 새로운 민주 정치의 발전에 도움을 줄 수 있다. 유교 정치사상에 바탕을 둔 새로운 민주 정치의 요점은 근대기에 성취한 민주적인 절차와 제도의 바탕 위에서 '민民'을 유교적으로 새롭게 하는 정치이다.

'민民'을 유교적으로 새롭게 한다는 것은 무엇을 의미하는가? 이것은 민주 정치의 주체가 되는 '민民'을 합리적으로 자신의 이익에만 골몰하는 근대적 개인으로서의 '민民'으로부터 덕성을 갖춘 도덕적 인간으로서의 '민民'으로 대체하는 것을 의미한다. 현대 민주 정치가 안고 있는 핵심적인 문제는 그것이 빈번하게 중우 정치로 타락한다는 점이다. 민주 정치가 중우 정치로 타락하는 것은 '민民'이 어리석기 때문이다. 그런데 근대 정치사상에 기반을 둔 현대의 '민民'은 본질적으로 어리석은 존재로 규정되어 있다.

근대적 인간관의 요체는 '합리적으로 자신의 욕망 충족의 극대화를 추구하는 존재' 라는 것이다. 이런 근대적 인간을 전제로 삼고 있는 현대 민주 정치는 쉽게 중우 정치로 빠질 수밖에 없다. 히틀러가 게르만 민족의 부흥을 부르짖었을 때, 독일의 근대적 '민民'들은 히틀러를 지지하였으며, 현재의 세계 정치를 보더라도 자국의 부강을 공약으로 제시하고 이를 실현할 수 있는 사람에게 많은 '민民'들은 투표하고 지지를 보낸다. 결국 지구촌 시대를 맞아서, 민족과 국가 간의 조화로운 공존과 역행하는 배타적인 민족주의 · 국가주의 · 국수주의가 팽배하고 있다. 그리고 이것은 다시 인류에게 커다란 고통을 안겨 주는 악순환의 구조가 자리 잡게 된 것이다.

이런 현대 정치의 문제를 해결해 나가는데 있어서, 유교 정치사상은 현재의 어리석은 '민民'을 현명하고 지혜로운 '민民'으로 새롭게 해야 한다는 정치 발전의 방안을 제시할 수 있다. 『대학大學』에서는 다음과 같이 말한다.

> 대학의 도는 밝은 덕을 밝히는 데 있으며, 백성을 새롭게 하는 데 있으며, 지극한 선에 그치는 데 있다.[16]

여기에서 말하는 '백성을 새롭게 함'이라는 것이야말로 유교적인 관점

16) 『大學』, "大學之道, 在明明德, 在親(新)民, 在止於至善."

에서 '민民을 새롭게 함'의 의미이다. '백성을 새롭게 함'이란 각자의 마음속에 내재하여 있는 아름다운 본성(明德)을 실현해 나가는 것이다. 유교 정치의 궁극적인 목적은 '모든 사람들의 아름다운 본성을 실현함(明明德於天下)'에 있다. 아름다운 본성을 실현한 새로워진 '민民'이야말로 새로운 민주 정치를 가능하게 하는 정치의 주체이다.

유교 정치의 궁극적인 목적이 현대 정치의 목적과 다른 것은 양자 간의 인간관의 차이에서 비롯된다. 욕망의 주체로 인간을 전제하는 근대적 인간관의 관점에서 볼 때, 정치의 궁극적인 목적은 '욕망 충족적인 사회'의 건설이 된다. 하지만 유교는 인간을 총체적인 존재로 보며, 인간다움의 핵심을 '인仁'으로 대표되는 도덕적인 본성으로 간주한다. 그러므로 유교적 관점에서 욕망 충족적인 현대 사회를 바라보면, 현대 사회는 진정한 인간다움을 이루기 위한 기초 조건이 충족된 사회이다. 하지만, 현대 사회가 이미 상당한 정도로 기초 조건이 충족된 사회임에도 불구하고, 여전히 그리고 과거보다 더욱 더 기초 조건의 확충에만 매달리는 사회라는 점에서, 현대 사회는 소외된 사회이다.

유교의 관점에서 보면, 이제 현대 사회는 진정한 인간다움을 이루기 위해서 정치의 목표를 전환해야만 한다. 새로운 정치의 목표는 모든 사람들 속에 내재하여 있는 아름다운 본성을 실현하는 것이다. 이런 맥락에서, 유교 정치사상은 새로운 민주 정치의 근간이 되는 '민民을 새롭게 함'이라고 하는 문제에 대한 답안을 제시할 수 있는 것이다.

아름다운 본성을 실현한다고 하는 이런 변화가 어떻게 가능할 것인가? 그것은 수신修身의 과정을 통해서 가능하다. 자신의 사사로운 욕망을 제거하고, 도덕적인 본성을 자각해서 도덕적인 인간으로서의 자기됨을 이루는 과정을 수신이라고 한다. 수신을 통해서 우리는 상식과 교양을 갖춘 도덕적인 인간으로서 군자君子가 될 수 있으며, 군자가 민民이 되어 수행하는 민주 정치가 바로 유교적인 의미에서의 새로운 민주 정치가 된다.

3) 유교 정치사상과 새로운 국제 정치의 모색

앞서 언급하였듯이, 현재 국제 정치는 시대의 요구와는 동떨어진 황폐한 모습을 연출하고 있다. 오늘날 자신의 이익만을 앞세우는 민족이나 국가는 새로운 세계 질서의 형성을 가로막는 장애물일 따름이다. 서로 다른 것을 존중하면서, 평화로운 공존과 조화로운 삶이 가능한 지구촌 시대의 새로운 국제 정치는 어떻게 가능할 것인가? 유교적인 관점에서 답을 찾는다면, 자신과 상대편을 근본적으로 존중하는 것이야말로 새로운 국제 정치를 형성할 수 있는 기반이 될 수 있다.

현재 국제 정치의 파탄의 근원은 자국과 상대편 국가를 근본적인 의미에서 경시하는데서 비롯한다. 에릭 프롬(Erich Fromm)은 『자유로부터의 도피』라는 저술에서, 나치즘이라고 하는 극단적인 형태의 민족주의 또는 국수주의의 밑바탕에 도사리고 있는 것은 무력감이라고 하였다. 나치즘의 본질은 결코 국가나 민족에 대한 사랑이 아니다. 정반대로 나치즘의 본질은 자기 민족과 국가가 하찮은 존재라는 의식에서 오는 무력감이라는 것이다. 나치즘이 흥기할 수 있었던 것은 이런 무력감에서 벗어나고자 하는 강렬한 열망을 갖고 있는 다수의 국민들이 있었기 때문이었다. 결국, 나치즘은 독일뿐만 아니라 전 유럽을 폐허로 만들어 버렸다.

현재의 세계에서 관찰되는 신국가주의나 신애국주의 사조 역시 본질적으로 볼 때 나치즘과 다름이 없다. 현대 정치에서 이런 병적인 사조가 빈번히 출현하는 근본적인 원인은 근대적 세계관이 이 시대를 지배하고 있기 때문이다. 근대적 세계관의 관점에서 볼 때, 나는 '부질없는 욕망을 추구하는 하찮은 욕망 덩어리'에 불과한 존재이다. 그러므로 나를 존경하고 사랑해야 할 이유가 없다. 너는, 나에게는 아무런 본래적인 의미가 없는, 나의 욕망 충족을 위해서 극복해야 할, 또 다른 하나의 욕망 덩어리에 불과한 존재이다. 그러니까 너를 존경하고 사랑해야 할 이유가 없다.

이에 따라서, 근대적 세계관이 지배하고 있는 현대 사회에서는 자신과 상대편을 근본적인 의미에서 존중하지 않으며, 불구적이고 파괴적인 방식으로 상호관계를 맺게 된다. 이것은 개인 간의 관계에서나 국가 간의 관계에서나 마찬가지이다. 이런 관계의 형식이 국가 간의 관계로 나타났을 때, 바로 국제 관계의 파탄이라고 하는 형태를 띠게 되는 것이다. 그러므로 근대적 세계관의 틀을 벗어나지 않는 한, 현 세계가 직면하고 있는 국제 관계의 혼란을 종식시킬 수는 없다.

바로 이런 맥락에서, 유교 정치사상은 창조적인 국제 관계의 정립을 위한 새로운 기초를 제공할 수 있다. 『주역周易』의 지산地山 「겸괘謙卦」를 살펴보면, 현재의 혼란한 국제 관계를 정립할 수 있는 방안과 철학을 발견할 수 있다. 「겸괘」의 괘상卦象을 보면, 높고 위대한 것(山)이 스스로 자신보다 낮은 것(地)의 아래에 위치해 있으며, 반대로 보면, 낮은 것(地)이 자신보다 높고 위대한 것(山)의 위에 위치해 있다.

이와 같이, 높은 것이 자신보다 낮은 것의 아래에 위치하는 것이야말로 현재의 국가 관계의 혼란을 종식시킬 수 있는 유력한 방안이 될 수 있다. 하지만 높은 것이 낮은 것의 아래에 처하고, 낮은 것이 높은 것의 위에 처하는 이러한 관계맺음이 어떻게 가능한 것일까? 통일체적 세계관의 관점에서 자신과 세계를 바라보았을 때, 이런 관계맺음이 가능해진다.

통일체적 세계관[17]의 관점에서 보았을 때, 이 세상 모든 존재는 그 안에 우주적인 시공을 내재하고 있는 위대한 존재이다. 나는 눈부시게 아름답고 더할 수 없이 훌륭한 존재이다. 너 역시 눈부시게 아름답고 더할 수 없이 훌륭한 존재이다. 이런 나와 네가 다른 사람보다 돈이 많다거나, 힘이 세다거나, 인기가 많다거나 하는 등의 것들은 우쭐할 만한 일이 아니다. 이와 반대로 나와 네가 다른 사람보다 돈이 적다거나, 힘이 약하다거나, 인기가 없다거나 하는 등의 것들은 위축될 만한 일이 아니다. 무한의 눈으로 보았을 때, 이런 상대적인 것들은 아무 것도 아니기 때문이다. 나와 너의 위대함의 소재는 이런 것들이 아니다.

바로 이런 이유에서, 높은 산이 낮은 땅의 아래에 위치하는 겸허함이, 반대로 낮은 땅이 높은 산의 위에 위치하는 자부심이 생겨나게 되는 것이다. 낮은 것이던 높은 것이던 우리 모두는 우주적인 위대함을 갖고 있는 존귀한 존재이기 때문이다. 그러므로 우리는 자신과 상대편을 존중하고, 예로 대해야만 한다. 개인 간의 관계에서만이 아니라 국가 간의 관계에서도 똑같은 논리가 적용된다. 이렇게 상대편을 존중하는 마음으로 대할 때, 비로소 지구촌에는 상호 간의 신뢰와 사랑에 바탕을 둔 지속적인 평화와 조화로운 공존이 가능하리라고 본다.

바꾸어서 말한다면, 창조적인 국가 관계의 수립을 위해서 가장 중요한 조치는 근대적 세계관의 관점에서 나와 너를 바라보는 것을 멈추는 것이다. 근대적 세계관의 관점에서 보면, 나와 너는 모두 욕망 덩어리에 불과

---

17) 통일체적 세계관에 대한 상세한 설명은 홍승표의 『깨달음의 사회학』(예문서원, 2002) 제1부 2장을 참조하라.

한 하찮은 존재들이다. 그러므로 내가 나 자신을 존경해야 할 이유가 없으며, 너 역시 존경해야 할 이유가 없다. 바로 이런 까닭으로, 근대적 세계관 아래에서는 나 자신과 상대편을 함부로 대하는 일이 만연하여 있고, 결과적으로 나와 너의 관계의 파탄을 초래하게 된다.

국가 간의 관계도 마찬가지이다. 근대적 세계관이 지배하는 현 시대에서, 각 국가는 자신을 하나의 욕망 덩어리로 비하하며, 상대편 국가를 자신의 욕망을 달성하기 위해서 이용·착취·지배·극복해야만 할 대상으로 바라본다. 서로가 서로를 이런 식으로만 바라보게 될 때, 필연적으로 현재 세계에서 보는 바와 같은 국가 관계의 혼란과 파탄이 초래되게 된다.

그러므로 국가 간의 평화로운 공존과 창조적인 관계의 수립이 이루어지기 위한 선결과제는 근대적 세계관을 벗어나서 나와 너를 바라보는 새로운 시각을 찾아내는 것이다. 유교 정치사상은 통일체적 세계관을 제공함으로써, 모든 국가들이 서로를 깊이 존중하는 가운데, 평화롭고 창조적인 관계를 맺어나갈 수 있는 방안을 제시할 수 있다.

4. 유교와 새로운 정치

지금까지 유교 정치사상의 관점에서, 현대 정치가 직면하고 있는 근본적인 문제점들을 서술하고, 탈현대의 새로운 정치를 모색해 보았다. 현대 정치는 심각한 위기에 직면해 있다. 이 글이 지적한 현대 정치의 근원적인 문제를 요약하면 다음과 같다.

첫째, 현재 세계의 모든 국가들이 맹렬하게 추구하고 있는 부국강병책은 심각한 문제이다. 부국강병이란 살기 좋은 세상을 이루기 위한 수단이 될 수는 있지만 궁극적인 목적은 아니다. 그럼에도 불구하고, 현대의 모든 국가들은 부강 그 자체를 궁극적인 목적으로 삼고 맹목적으로 이를 추구하고 있다. 그 결과, 문명이 지속될 수 있는 조건이라고 할 수 있는 지구 생태계는 급속하게 붕괴되고 있고, 국가 관계는 황폐화되었으며, 우리의 삶은 자신과 무관한 것을 추구하는 가운데 깊은 소외에 빠지고, 인간관계 역시 격렬한 경쟁과 갈등으로 인해서 악화되고 있다.

둘째, 현대 민주주의의 문제이다. 민주적인 절차나 제도는 좋은 정치를 수단 훌륭한 수단이 될 수 있다. 하지만, 현대 정치는 민주주의 자체를 궁극적인 목적으로 추구함으로써, 새로운 정치에 대한 비전을 갖는 것을 불가능하게 한다. 이에 따라서, 현대 정치는 민주주의 자체를 목적으로 추구하는 가운데, 민주 정치는 쉽게 중우정치로 타락하여 그 국민들과 세계에 많은 고통과 파괴를 낳는 일이 빈번하게 일어나고 있다.

셋째, 현대 국제 정치의 문제이다. 오늘날 국제 정치는 자국의 이익을 얻기 위한 각축장이 되어버렸다. 국가 간의 상호 불신과 증오심은 날이 갈수록 깊어가고 있다. 이런 국제 정치의 현실은 지구촌이라고 불리는 현 시대가 요청하는 국제 정치와는 너무나도 동떨어져 있다. 오늘날 세계는 과거 어느 때와 비교하더라도 평화로운 공존과 조화를 이루어나가는 것이 절실히 필요하지만, 현실의 국제 정치는 이와 정반대의 방향을 향해서 치닫고 있다.

위에서 지적한 현대 정치의 문제의 근원에는 근대적 세계관이 자리 잡고 있다. 이성적 인간관의 관점에서 보면, 합리적인 세계의 건설은 인간다움을 실현하기 위한 목적이 된다. 바로 이런 맥락에서, 민주적인 절차와 제도는 궁극적인 목적의 자리를 차지하게 된다. 욕망의 추구자로서의 인간관의 관점에서 보면, 부유함과 강대함의 달성은 인간다움을 실현하기 위한 목적이 된다. 이에 따라서, 각 국은 자국의 부강을 달성하기 위해서 맹목적으로 치닫게 되는 것이다. 또 각 국가들이 자국의 부강을 목적으로 추구할 때, 국가 간의 이해관계는 반목하게 되며, 국제 정치는 필연적으로 혼란과 파괴를 초래하게 된다.

이와 같이, 현대 정치의 문제의 근원에는 근대적 세계관이 자리잡고 있으며, 근대적 세계관을 벗어나지 않는 한 현대 정치의 문제를 해결하는 것은 논리적으로 불가능하다. 바로 이런 맥락에서, 유교 정치사상의 현재적 가치를 찾을 수 있다. 유교는 아름다운 본성을 내재하고 있는 존재로서의 인간이라는 전제 위에서 정치사상을 발전시켜 왔다. 이런 유교 정치사상은 수단과 목적의 전도가 팽배하여 있는 현대 정치에 새로운 비전을 제공할 수 있다. 이런 관점에서 이 글은 유교 정치사상에 바탕을 두고서 새로운 정치에 대한 비전을 제시하고자 하였다. 이를 요약하면 다음과 같다.

첫째, 유교 정치사상은 새로운 정치의 목표를 제시할 수 있다. 부국강병이라고 하는 정치의 목표는 이 시대와 맞지도 않고 조화를 이룰 수도 없다. 새로운 정치의 목표는 도의적인 사회의 건설이다. 그리고 새로운 정치의 목표는 도덕적 본성을 내재하고 있는 존재로서의 인간이라고 하는 유교적 인간관에 바탕을 두고 있다.

둘째, 유교 정치사상은 새로운 민주 정치에 대한 청사진을 제시할 수 있다. 현대 민주 정치는 합리적인 욕망 추구자로서의 인간을 전제하고 있다. 이에 반해서, 유교 정치사상에 기반을 둔 새로운 민주 정치는 도덕적인 본성을 내재하고 있는 인간을 전제한다. 새로운 민주 정치란 각자에 내재해 있는 도덕적인 본성을 수신의 과정을 통해서 실현한, 즉 민民을 새롭게 한 바탕 위에서 이루어지는 민주 정치다.

셋째, 유교 정치사상은 창조적인 국제 정치의 가능성을 제시할 수 있다. 자국에 대한 진정한 존중감에 바탕을 두고서 상대 국가를 진정으로 존중하는 마음을 갖고 대한다면, 새로운 국제 질서가 가능하다. 이는 다양한 문화를 갖고 있는 지구상의 수많은 민족과 국가들 간의 평화로운 공존과 조화로운 삶을 가능하게 하는 진정한 지구촌 시대를 열어가는 출발점이 될 것이다.

이와 같이, 유교 정치사상은 현대 정치의 근본적인 문제를 비판하고, 새로운 미래 정치를 구현하기 위한 새로운 관점을 제공해 줄 수 있다. 이 글은 유교나 유교 정치사상 자체를 무조건적으로 바람직한 것으로 미화하고자 하는 것이 아니다. 유교와 유교 정치사상에는 이 글에서 논의한 탈현대적인 측면이 있는가 하면, 다른 한 편으로는 전근대적인 측면과 근대친화적인 측면이 존재하는 것이 사실이다. 이 글에서는 다만 현대 정치의 문제를 비판하고, 새로운 정치를 모색하는 과정에서, 유교와 유교 정치사상의 탈현대적인 측면에 초점을 맞추어서 논의를 진행하였을 따름이다.

이 글에서 누차 설명하였듯이 현대 정치가 직면하고 있는 위기의 근원은 근대적 세계관이다. 지금 이 시대는 근대적 세계관의 관점을 벗어나지 않고서는 새로운 정치를 건설하는 것이 근원적으로 불가능하다. 그러므로 새로운 정치를 위해서는 새로운 세계관이 필요하며, 유교 정치사상은 바로 이런 맥락에서 현대 정치에 대한 비판과 새로운 정치의 모색에 도움을 줄 수 있다.

이 글은 바로 이런 취지에서 유교 정치사상의 바탕 위에서 새로운 정치의 가능성을 모색해 보았다. 물론 이런 한 차례의 논의로 현대 정치가 급작스런 변화를 이룰 수 있으리라고는 필자 자신도 기대하지 않는다. 다만 유교 정치사상의 기초 위에서 현대 정치의 근본 문제를 새롭게 인식할 수 있는 하나의 계기를 줄 수 있었다면, 그리고 새로운 미래의 정치에 대한 생각의 물꼬를 틀 수 있는 하나의 계기가 될 수 있었다면, 이 글은 나름대로의 의미를 가질 수 있다고 생각한다.

참고문헌

『老子道德經』.

王弼. 1997.『왕필의 노자』. 임채우 옮김. 예문서원.

『論語』. 1989. 學民文化社(影印本).

『論語集註』. 朱熹. 성백효 역주. 1990. 전통문화연구회.

『大學』. 1989. 學民文化社(影印本).

『大學. 大學或問. 大學講語』. 1993. 박완식 편저. 이론과 실천.

『周易』. 1989. 學民文化社(影印本).

『周易傳義大全』. 1996. 김석진. 대유.

김수중. 1997.「유가의 인간관」. 남기영 외 4인 공저.『인간이란 무엇인가』. pp.139-190. 민음사.

홍승표. 1998.「현대 사회학의 인간관 비판과 유가 사상에 나타난 인간관의 사회학적 함의」.『한국사회학』 32집(가을호): 531-559.

______. 2002.『깨달음의 사회학』. 예문서원.

______. 2005.『동양사상과 탈현대』. 예문서원.

蒙培元.『中國心性論』. 1996. 이상선 옮김. 법인문화사.

楊的. 1997.『동서인간론의 충돌』. 노승현 옮김. 백의.

Platon. 1997.『국가』. 박종현 옮김. 서광사.

불교의 정치문화 전통과 민주주의

- 가치지향과 의사결정의 민주성을 매개로 -

유 승 무

1. 서 론

오늘날 모든 사회는 민주주의를 보편적인 정치적 가치로 받아들이고 있다. 여기에서 민주주의란 주권자인 국민의 의사意思에 의해 정치를 행한다는 의미이다. 그러나 현대사회에서 모든 국민이 모든 국정에 직접적으로 참여하여 자신의 의사意思를 표명하고 그것을 다시 민주적인 방식으로 결정決定해야 한다면, 현실적으로 그 어떤 정책도 실천해 나갈 수 없다. 이러한 딜레마를 해결하기 위해 탄생된 제도가 이른바 대의제 민주주의이다. 대의제 민주주의는 국민투표에 의해 대표자를 선출하고 그들로 하여금 유권자의 이익을 대변하여 정책을 결정하도록 하는 제도이다. 이는 최소한 형식논리 상으로는 국민의 의사를 정책에 반영해야 한다는 민주주의 원칙을 포기하지 않으면서도 의사결정을 용이하게 함으로써 정책실천을 가능하게 하는 제도이다. 때문에 현대사회에서 대부분의 국가나 집단이 대의제 민주주의를 채택하여 중요 정책에 관해 의사결정을 하고 있다.

대의제 민주주의의 운용에 있어 선거는 결정적인 중요성을 갖는다. 국민의 대표를 뽑든 정책을 결정하든 간에, 국민은 선거라는 계기를 통해서만 정책결정에 참여할 수 있기 때문이다. 대의제 민주주의에서 선거가 지닌 중요성 때문에 대의제 민주주의를 채택하고 있는 국가나 집단은 선거와 관련된 형식과 절차를 법으로 정해 두고 있다. 따라서 근대 입헌 민주주의국가는 최소한 형식적으로나 절차상으로는 민주주의적 정치체제를 유지하고 있다. 그러나 실질적 측면에서 보면, 대의제 민주주의는 많은 문제점을 지니고 있다. 무엇보다도 대의제 민주주의 하에서는 국민의 대표자가 국민의 의사를 반영하지 못하거나 혹은 그에 반하는 의사결정을 내리는 경우가 다반사이기 때문에 실질적 민주주의를 보장할 수 없다. 게다가 다수결의 원리가 모든 결정의 타당성을 보장해 주는 것도 아니다. 설상가상으로 현실정치에서 선거는 정치적 세력이나 자본의 영향으로부터 자유롭지 않다[1].

한국정치의 민주주의적 현실을 사례로 하여 현행 대의제 민주주의의 문제점을 보다 구체적으로 살펴보자. 주지하듯이 한국의 역대 대통령 중 일부는 다수 국민의 의사와는 무관하게 혹은 그러한 의사에 반하여 집권하여 국가를 운영하였다[2]. 해방 후 한국의 국가가 채택하고 있는 자유민주주의체제는 민주주의의 심화라는 과제해결에 오히려 본질적인 한계로

1) 정태환, 2003, 『한국의 정치사회적 갈등』, 일신사.

2) 사사오입개헌에 의한 이승만 정권의 연장, 군사쿠데타에 의한 박정희정권 및 전두환 정권의 집권 등은 그 대표적인 사례이다.

작용함으로써, 사회적 약자의 정치적 불평등은 줄어들지 않고 있으며 일상적인 삶의 정치에서는 아직도 비민주성이 그대로 방치되고 있다[3]. 특히 군사정부시절에는 대통령이 계엄선포권이나 의회 해산권을 가짐으로써 입헌주의 원칙을 무력화하기도 하였을 뿐만 아니라 정치권력자의 필요에 따라 국민의 의사를 무시할 수도 있었다. 그 결과 사회적 약자는 공동체의 의사결정과정에서 배제되어 왔고, 이는 절차적 민주주의라는 제한적 민주주의로 합리화되어 왔다[4]. 게다가 한국사회의 절차적 민주주의는 국민의 의사를 왜곡해 왔으며 다수의 횡포를 야기해 왔다[5]. 심지어 제 3 세계적 현상인 민주화와 민주적 정권교체의 경험조차도 형식적 민주주의의 한계를 완전히 극복하는 계기로 작용하지 못하고 있다. 한국의 경우 민주화와 민주적 정권교체 이후에도 과거 권위주의정부의 정치행태를 반복하고 있어서 일각에서는 '민주화 이후의 민주화'라는 정치적 과제를 제기하고 있다[6].

이렇게 볼 때, 대의제 민주주의로 대표되는 근대 자유민주주의 제도는 그 자체로 이미 본질적인 한계를 지니고 있다. 게다가 이미 실패로 끝난 사회주의에 미련을 가질 수도 없다. 그렇다면, 민주주의의 발전을 위해 이제 우리에게 남은 것은 '서구 근대'라는 시공간을 넘어서는 새로운 정치제도를 실험해 보는 것이다. 그리고 이를 위해서는 정치제도의 바탕이

---

3) 강정인, 1997, 「대안민주주의」, 『참여민주주의와 한국사회』, 창작과비평사.

4) 유승무, 2003, 「한국불교의 사회참여」, 『논문집』제10집, 중앙승가대학교.

5) 손혁재, 1997, 「참여민주주의의 정치제도 구상」, 『참여민주주의와 한국사회』, 창작과비평사.

6) 최장집(2005)은 민주정부라 할 수 있는 김영삼 정부 이후 지금까지도 우리사회는 민주화되지 않았으며 심지어 '참여정부'를 표방하고 있는 노무현 정부는 민주적 국정운영의 역량을 갖추지 못했다고 비판하고 있다.

되는 새로운 정치문화를 창출해 나가야 한다[7]. 이것이 우리에게 제기되어 있는 탈현대적 과제이다.

이러한 시대적 과제를 해결하기 위해서는 무엇보다도 '서구 근대'라는 시공간 이외의 경험에서 인류가 경험한 다양한 정치문화를 검토해 보는 것이 필요하다. 아버지와 다른 유전자에서 비로소 아버지를 닮지 않은 새로운 생명이 탄생될 것이기 때문이다. 마침 한국사회는 오랜 세월동안 풍부한 불교문화와 유교문화를 발전시켜 왔다. 정치문화는 전체문화의 영향으로부터 자유롭지 못한 일종의 하위문화(sub-culture)라 할 때, 한국의 불교문화와 유교문화는 우리가 가장 먼저 검토해 볼 연구대상이다.

이 글의 목적은 불교의 정치문화 전통 속에서 민주주의적 요소들을 발굴하고 나아가 그 탈현대적 함의를 도출해 보는 데 있다. 이러한 목적을 달성하기 위해 제2장에서는 정치문화와 민주주의의 상관관계를 정치적 가치지향성 및 의사결정의 민주성이란 매개개념을 통해 이론적으로 정립해 보고자 한다. 제3장과 제4장에서는 초기불교와 대승불교의 경전을 토대로 하여, 불교의 정치적 가치지향과 민주의의의 관련성 및 불교의 의사결정방식과 민주주의의 관계를 논의해 보고자 한다. 그리고 제5장에서는 이러한 불교의 정치문화 전통이 한국불교의 정치문화 전통 속에서 어떻게 계승되어 왔는지를 살펴 볼 것이다. 제 6 장에서는 이상의 논의를

7) 민주주의는 민주적인 정치제도만으로 달성되는 것이 아닌 듯하다. 어쩌면 민주적 정치문화가 성숙되지 않고는 민주주의의 목표 달성은 사실상 불가능한 것인지도 모른다. 민주주의를 '주권을 가진 민중에 의한 통치(government by the people)'라 할 때 거기에는 민중의 정치적 관심과 자각 그리고 정책결정 및 의사결정에의 자율적 참여와 책임 등이 전제되어 있는데, 이 전제는 민주적 정치문화(혹은 정치문화의 전통)에 의해 좌우되기 때문이다.

요약하고 그러한 논의가 어떠한 탈근대적 함의를 지니고 있는지를 정리해 보고자 한다.

2. 정치문화와 민주주의

지금까지 한국사회에서 불교와 정치 사이의 관련성에 대한 논의는 주로 불교정치사상이란 주제를 초기경전에 기초하여 논의하는 수준에 머물러 있었다. 윤세원의 "불타의 정치사상에 관한 연구"[8]가 그 대표적인 연구성과이다. 국내에 소개된 피야세나 딧사나야케의 "불교의 정치철학"[9]과 나까무라 하지메(中村元)의 "불교와 사회윤리"[10]라는 번역서들도 모두 이러한 범주 내에 머물러 있다. 오늘날의 정치문제나 우리사회의 정치적 과제와 불교의 관련성에 대한 연구로는 정천구의 연구[11]가 유일하다. 그러나 정천구의 연구조차도 오늘날의 정치적 과제를 해결하는 데 필요한 지혜를 불교사상(혹은 불교의 정치사상)에서 직접 도출하고 있을 뿐이다. 때문에, 한국불교의 오랜 역사 속에서 축적된 구체적인 정치문화 전통과 그 탈현대적 함의를 찾아내는 논의는 아직까지도 전대미답의 과제로 고스란히 남아 있다.

본 연구는 한국불교의 정치문화 전통 속에서 정치적 근대성을 넘어설

8) 윤세원, 1985, 『불타의 정치사상에 관한 연구』, 중앙대학교 대학원 정치외교학과 박사학위논문.

9) 피야세나 딧사나야케, 1987, 『불교의 정치철학』, 정승석 옮김, 대원정사.

10) 中村元, 1999, 『종교와 사회윤리』, 석오진 옮김, 경서원,

11) 정천구, 1993, 『불타의 정치·사회적 깨우침』, 보림사.

수 있는 탈근대적 함의를 도출해 보려는 최초의 시도이다. 때문에 이를 체계적으로 논의하기 위해서는 무엇보다도 먼저 논의의 범위를 분명히 규정해 두지 않을 수 없다. 최소한 그 핵심 개념인 민주주의와 정치문화에 대한 조작적 정의가 요구되며, 나아가 두 개념 사이의 관계를 보는 시각이나 이론 틀도 분명히 제시해 두어야 한다.

주지하듯이 민주주의라는 개념은 매우 다의적으로 사용되고 있다[12]. 게다가 민주주의라는 개념 앞에는 여러 가지 형용사가 동반되는 경우가 대부분이다[13]. 때문에 학문적 논의를 위해서는 민주주의에 대한 조작적 정의가 필요하다. 탈근대적 민주주의라는 개념도 명확한 의미로 규정될 때 비로소 그 조작적 기능(operational function)을 수행할 수 있다.

그리스어 Demos(민중)와 Kratos(지배/권력)라는 두말이 결합되어 탄생한 민주주의는 어원상 민중이 주권자로서 정치에 참여하는 민중의 지배 혹은 통치체제를 의미한다. 그러나 근대사회의 민주주의체제는, 모든 정책 결정 및 의사결정과정에 모든 민중이 참여하기란 사실상 불가능하다는 이유 때문에, 매우 결정적인 사안에 관한 국민투표의 경우를 제외한 대부분의 정책이나 의사결정은 국민들이 선출한 국회의원들에 의해 국회에서 의결된다. 오늘날 대부분의 국가는 이른바 '대의제 민주주의'를 채택하여 국가를 운영하고 있다. 그러나 혹은 바로 그렇기 때문에 대의제 민주주의는 제도적 차원에서 형식적 · 절차적 민주성만을 갖추고 있을 뿐 실질적으로는 민중들을 의사결정과정에서 배제하고 있다. 합법적 지배질서를 근대적 지배질서의 특징으로 간주한 베버(Max Weber)의 주장

12) 사르토리, 1999, 『민주주의 이론의 재조명』, 이행 옮김, 인간사랑.

13) 이극찬, 1981, 『정치학』, 범문사.

을 상기할 때, 이는 근대적 지배체계의 한계이다. 때문에 민중들을 정책결정 및 의사결정구조에 참여시키는 '의사결정의 민주성'을 여하히 확보할 것인가는 여전히 해결되지 않은 과제로 남아 있다.

더욱더 심각한 문제는 오늘날의 대중민주주의문화에서는 정작 주권자인 민중들이 점점 더 정치에 무관심해지고 있다는 데 있다. 그 결과 정치의 존립 근거인 공민성(civility)의 유지가 불가능해지는 위기가 초래되고 있을 뿐만 아니라 정치문화는 실질적 민주주의의 성취라는 목표로부터 점점 더 멀어져 가고 있다. 때문에 주권자들로 하여금 공공의 문제에 관심을 갖고 스스로 참여하고 스스로 책임지는 '공민성의 정치'를 여하히 활성화 할 것인가는 오늘날 민주주의의 또 다른 과제이다.

바로 이러한 두 가지 과제, 즉 근대 민주주의제도의 본질적인 한계를 극복하기 위한 우선적 과제를 해결하기 위한 개념적 장치가 바로 정치문화란 개념이다. 정치문화는 특정한 사회의 문화 속에서 정치와 관계되는 부분, 즉 의사결정을 포함한 정치과정이나 정치적 행동에 영향을 미치는 사고나 감정 등과 같은 정치적 가치지향(political orientation)을 총칭하는 개념이기 때문이다[14]. 그런데 특정한 사회의 정치문화 즉 정치적 가치지향을 논의하기 위해서는 그 사회의 모든 삶의 부면을 관통하는 전체 문화 혹은 문화적 가치지향[15]을 논의하지 않을 수 없다. 또한 근대적 정치제도의 한계를 극복할 수 있는 방안을 모색해 보기 위해서는 근대적 가치지향을 넘어설 수 있는 탈근대적 가치지향을 논의해 보지 않을 수 없다. 이는

14) 앞의 글(이극찬, 1981).

15) 물론 한국불교의 정치문화를 논의하기 위한 이 글에서는 (한국)불교 일반의 문화적 가치지향을 의미한다.

우리가 불교의 정치문화 전통을 검토하는 이유이기도 하다.

이상의 개념적-이론적 논의에 따른다면 민주주의는 정치문화와 밀접하게 연관되어 있으며[16], 의사결정의 민주성과 정치적 가치지향은 그 관계의 매개개념이다. 민주주의가 의사결정의 민주성이나 공민성의 정치를 촉진하여 민주적 정치문화를 만들어 가기도 하지만 특정한 사회의 고유한 민주화적 정치문가 의사결정의 민주성과 공민성의 정치를 가능케 하는 바탕을 제공하며 나아가 그러한 매개 개념을 통해 실질적 민주주의를 가능케 하는데 영향을 미칠 수도 있다. 이를 도표화하면 다음 그림과 같다.

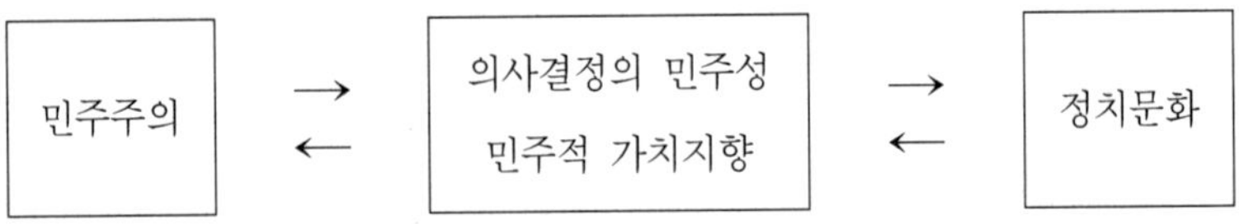

3. 불교 속의 정치적 가치 지향과 민주주의

1) 정법주의와 민주주의

주지하듯이 붓다의 위대한 깨달음이란 바로 연기법의 발견이다[17]. 때

16) 최장집, 2005, 『민주화 이후의 민주주의』, 후마니타스.

17) "진리인 연기법은 여래인 내가 창조한 것도 아니고 또 다른 사람이 창작한 것도 아니다. 여래가 세상에 출현하거나 출현하지 아니하거나 진리인 법은 법으로서 확정되어 있는 바이다. 여래는 이 법을 깨달아 정등각을 이루었나니..(잡아함경, 12권)

문에 불교의 모든 교설들은 연기법을 벗어나지 않는다. 불교의 정치적 가치지향 역시도 예외가 아니다. 불교의 정치적 가치지향을 통상 '정법주의正法主義'라 부르는데, 이는 불교의 모든 정치적 판단근거가 연기법 즉 정법에 의거해야 한다는 것을 의미한다.

연기법에 따르면, 모든 존재가 상의상관적 관계 속에 존재한다. 때문에 궁극적인 실체나 중심은 존재하지 않는다. 불교는 정치의 기원조차도 상의상관적 원리에 따라 설명하고 있다. 그 대표적인 예로 세기경에 나타난 정치의 기원을 보자.

"① 천지개벽 후에 인류가 발생하고 땅에서 나는 것을 먹기 시작하고부터 점차 인간미가 증대하여 남여가 따로 생기고 여아를 낳아 점차로 번식하여 성城과 읍邑을 형성하게 됐다. ② 인간은 다투어 벼를 수확하고 축적하고 있었는데 어떤 시기에 벼가 생기지 않고 뿌리만 남았을 때가 있었다. 그 때 당시의 인간들이 서로 상의하기를…'우리들 각자의 논밭을 구별하여 경계선을 만듭시다.'라고 했다. 그 결의에 따라 각자의 논밭을 타인의 논밭과 구별하게 됐다. ③ 그런데 어느 때 어떤 사람이 가지의 쌀을 소장하고 있는데도 타인의 논밭에서 곡물을 훔친 일이 있었다. … ④ 이같은 일이 두 번 계속해서 일어났기 때문에 다른 사람들은 그를 많은 사람들 속으로 끌고와 비난하면서 손 또는 지팡이로 때렸다. ⑤ 많은 사람들이 그 이야기를 듣고 괴로워하면서 울며 가슴을 치며 말하기를 … '논밭 경계의 구별이 있기 때문에 다툼이 생기는데 그것을 해결하고 판정해 주는 사람이 없다. 그렇기 때문에 우리들에게 공통의 주인을 세워 보호하고 선을 상주고 악을 벌하도록 하자. 우리는 각자 수익을 나누어 공통의 주인에게 공급供給하도록 하자.' 라고 했다. … ⑥ 그 때에 많은 사람들 가운데에서 신체가 크고 용모가 단정하며 위엄과 덕이 있는 한 사람이 있었다. 사람들은 그에게 '우리들은 지금 당신이 우리의 주인으로 나서주기를 바란다.'라고 말했다. ⑦ 그 사람은 이 말을 듣고 그들의 청원을 받아들여 일동의 주인이 되어 칭찬할 사람을 칭찬하고 벌해야 할 사람을 벌했다. 이것을 '민주民主'라고 한다.[18)]"

위의 인용문에서 ①은 욕망의 발생을 서술하는 문장이며, ②는 소유제의 발생을, ③은 이해관계와 관련된 부정행위의 발생을, ④ 갈등과 폭력의 발생을, ⑤ 정치제도의 탄생을, ⑥ 통치자의 선출을, ⑦ 그 통치자의 민주적 통치행위를 각각 서술하는 문장이다. 이렇게 볼 때 그리고 '인간의 불완전성과 복잡성에서 유래되는 인간과 인간의 대립・경합・투쟁을 적절하게 해결하여 사회의 통합을 이룸으로써 통합적인 질서를 형성・유지해 나가는 것을 정치라 한다면'[19)] 이 인용문은 정치의 본질 및 정치의 기원을 가장 잘 표현하고 있다. 그 중에서도 특히 ⑤, ⑥, ⑦은 붓다 당시부터 불교는 정치를 민주주의적으로 사고해 왔음을 잘 보여주고 있다. ⑤는 정치제도를 서술하는 문장인데, 그 내용은 지도자의 선출, 세금, 그리고 지도자의 급료 등에 대한 제도화로 이루어져 있다. 붓다 당시 인도의 정치제도뿐만 아니라 전 세계의 정치제도가 전제 군주제를 채택하고 있었다는 사실을 고려해 볼 때, 불교경전에 통치자를 선출하고

18) 장아함경 제 22권(세기경 본연품 제 12)의 내용을 中村元(나까무라 하지메)가 요약한 것을, 분석 상 필요에 의해 번호를 삽입하여, 거의 그대로 옮긴 것이다. 물론 이 내용은 한글 대장경 중 세기경에서 인용할 수도 있고 다른 2차 문헌들에서도 많이 나타난다. 또한 나까무라 하지메에 따르면 이와 유사한 내용은 여러 경전들에 산재해 있다(中村元, 1999;150). 그럼에도 불구하고 굳이 나까무라 하지메의 요약문을 인용한 이유는, 내용 번역의 신뢰성도 높다고 판단했을 뿐만 아니라 그 내용이 본 연구의 분석에 필요한 내용만을 적절히 포함하고 있었기 때문이다.

19) 앞의 글(이극찬, 1981).

국민의 세금으로 그에게 봉급을 주도록 하는 제도화의 내용을 담고 있었다는 것은 우리의 주목을 끌기에 충분하다. 이는 불교야말로 처음부터 교리적으로 민주주의를 지향하고 있었음을 의미한다. ⑥은 지도자의 자질과 민중에 의한 지도자의 선출에 관한 문장이며, ⑦은 그 지도자가 민의를 반영하여 통치해야 함을 시사하는 문장이다. 이렇게 볼 때, 불교는 교리적으로 민주주의를 지향하고 있었음을 분명히 확인할 수 있다.

이상과 같이 정치의 기원 및 통지자의 출현을 대중들(혹은 그들의 합의된 요구)과의 관계 속에서 파악할 경우, 통치자는 비민주적으로 통치행위를 해서는 안 된다. 만약 통치자가 민의에 반하여 비민주적인 통치행위를 할 경우, 그는 통치자의 직위에서 언제든지 쫓겨나지 않을 수 없다. "예를 들어 어떤 왕 혹은 왕의 대제상이라 할지라도, 극도로 포악하고, 사람들에 대하여 사랑하는 마음이 없고 다만 남을 억압하는 데 전념하면, 구도자가 만약 힘이 있다면 동정심과 이익, 안락을 주는 마음을 갖고 그것에 머물러 그것을 기반으로, 그들이 많은 죄악을 저지르게 하는 그 왕위, 권세, 지배권으로부터 그들을 추방시킨다.[20]"

이러한 경우를 경전에서는 '성륜이 사라지는 것'으로 상징화하여 표현하고 있다. 실제로 경전에서는 통치자는 항상 성륜이 하늘에 떠 있도록 지켜야 하는 불침번이 되지 않으면 안 된다고 말하고 있는 바[21], 이는 모든 정치적 행위는 항상 민주적이어야 한다는 표현에 다름 아니다.

---

20) 中村元, 1999, 『종교와 사회윤리』, 석오진 옮김, 경서원.

21) 이에 대한 자세한 논의는 Ratnapala, N., 1992, *Buddhist Sociology*, Sri Satguru Publications(Delhi-India).를 참고하기 바란다.

2) 대승불교의 정치적 가치지향성

모든 것은 변한다. 어쩌면 변한다는 것(無常)만이 불변의 진리인지 모른다. 마찬가지로 불교도 시간의 흐름에 따라 교리적 차원의 종교개혁을 겪었다. 뿐만 아니라 승가의 운영방식도 중국, 한국, 일본 등지로 전해짐에 따라 그러한 지역의 정치경제적 상황이나 문화적 조건에 적응하게 되었다. 이른바 대승불교가 탄생한 것이다[22].

그러나 대승불교의 정치적 가치지향도 정법주의를 벗어나 있지는 않았다. 연기법은 불교의 가장 기본적인 교리였으며 그것을 벗어나는 것은 이미 불교이기를 포기하는 것이나 마찬가지였다. 다만, 불교인들의 구체적인 삶의 방식은 대승불교문화권의 특수한 정치적 조건 및 사회경제적 조건에 적응하는 과정에서 다소의 변화를 겪을 수밖에 없었다. 이에 여기에서는 대승불교의 승가 운영원리를 중심으로 그 정치적 가치지향성을 살펴보고자 한다.

실제로 불교가 대승불교로 발전함에 따라 승가의 운영원리도 거기에 맞게 변화를 겪었다. 출가자의 노동을 강조하고 있는 백장청규는 이러한 변화를 가장 잘 보여주고 있다[23]. 또한 대승불교는 당시 국가의 상대적 발전에 따라 불가피하게 호국적인 성격도 강하게 띠게 되었고, 문화적으로도 특정 지역의 민간신앙과 습합되기도 하였다. 때문에 대승불교의 정치적 가치지향성을 한마디로 언급하기란 불가능하다. 그럼에도 불구하

22) 대승불교의 등장에 관한 사회학적 논의는 앞의 책 유승무(1996)을 참고하기 바란다.

23) 주지하듯이 백장청규는 삼의일발三衣一鉢과 수하상암樹下上岩의 생활이 가능했던 인도와는 다른 사회경제적 환경을 가진 중국, 한국, 일본 등지에서 선원생활을 가능하게 하기 위해 백장 회해선사에 의해 고안된 일종의 계율이다.

고 대승불교의 정치적 가치지향성은 몇 가지 공통성을 지니고 있었다. 그것은 모든 정치적 행위가 정법주의에 따라야 한다는 것과 승가의 운영이 법(法, Dharma)과 율(律, Vinaya)에 부합해야 한다는 사실이었다.

이러한 이유 때문에, 대승불교의 정치적 가치지향성은 크게 원리적 측면의 연속성과 구체적인 내용상의 단절성을 모두 포함하는 특성을 갖게 되었다. 앞에서 언급했듯이 실제로 중국, 한국, 일본 등 대승불교문화권의 승가생활은, 비록 청규의 구체적인 내용의 가감은 존재하지만, 백장청규에 그 연원을 두고 있는 청규에 따라 운영되었다[24]. 또한 다음의 인용문은 정법주의와 관련하여 대승불교의 정치적 가치지향성을 잘 보여주고 있다.

> "법으로 국토를 이익되게 한다. 이것은 비법에 의함이 아니다. 이 같은 법이 많은 왕은 능히 자신을 이익하게 하며 능히 타인을 이익되게 한다. 자신에게 이익이라는 것은, 만약 왕이 지계持戒하면 능히 국토를 지킨다. 계를 지키지 않으면 이는 불가능하다. 이것이 스스로를 이익하게 한다. 타인을 이익하게 함은 소위 사람이 법에 따라 행하지 않으면 그 사람을 법에 따르도록 한다. 왕이 이와 같이 하면 바로 국토를 지킬 것이다. 국토를 지키기 때문에 법, 재물, 명예 세 가지를 모두 얻게 된다.[25]"

위의 인용문은 한편으로는 정법을 강조하면서도 다른 한편으로는 왕의 결정적인 역할을 인정하고 있다. 더 적극적으로는 왕이야말로 정법을

---

24) 이에 대한 자세한 논의는 최법혜, 2001, 「고려판 선원청규 역주」, 가산불교문화연구원을 참고하기 바란다.
25) 앞의 글(中村元, 1999).

구현하는 주체이다. 나까무라 하지메(中村元)에 따르면, 이 같은 사상을 수용한 불교는 '국가를 수호하는 것'으로서 일본에 수용됨으로써 일본불교의 정치적 특성을 형성하게 되었다. 그런데 이러한 국가불교의 성격은 일본뿐만 아니라 한국과 중국 등 동아시아 3국의 공통적 특징이었다.

4. 불교적 의사결정방식과 계승 그리고 민주주의

앞에서 우리는 불교의 정치적 가치지향성의 민주성을 논의해 보았다. 때문에 여기에서는 매개개념의 나머지 하나, 즉 불교적 의사결정방식의 민주성 여부를 살펴보고자 한다.

1) 불교적 의사결정방식과 민주주의

주지하듯이 불교는 모든 의사결정을 만장일치로 결정하는 독특한 전통을 가지고 있다. 물론 이러한 독특성은 정법주의뿐만 아니라 무아사상無我思想과도 밀접하게 연관되어 있다. 그렇다면 불교에서 정책 및 의사를 만장일치로 결정하는 전통은 어떻게 형성되었으며 그 방식은 어떠했는가? 본생경에는 통치자 선출문제를 둘러싼 의사결정 방식이 다음과 같이 자세하게 소개되어 있다.

> "그 때 히말라야 산의 모든 새들이 지저귀며 평판한 누각 위에 모였다. '사람들 사이에는 왕이 있고, 짐승들과 물고기 사이에도 왕이 있는데 우리 새들 사이에는 왕이 없다. 우리는 무정부상태에 살아서는 안 된다. 우리도 왕을 뽑아야 한다. 왕의 자리에 앉기에 적절한 누군가를 정하자.'

그들은 새들을 탐색한 끝에 올빼미를 선택했다. '여기에 우리가 좋아하는 새가 있다'고 그들은 말했다. 그리고 한 새가 이 문제에 대해 투표가 실시될 것이라고 모두에게 세 번 선언했다. 이 발표를 두 번 참을성 있게 들은 후 마지막에 까마귀가 일어나서 외쳤다. '잠시 기다려 주게. 만약 그렇다면 그가 왕으로 추대되고 있을 때 그가 지은 표정을 보았는가? 그가 화낼 때는 어떤 모습이 될 것인가? 만일 그가 화를 내어 우리를 바라본다면 뜨거운 쟁반 위에 뿌려진 참깨처럼 우리는 흩어지게 될 것이다!' … 이렇게 하여 모인 새들은 다시 까마귀의 발언을 안건으로 상정할 것인가를 투표하여 발언기회를 주었다. 그러자 까마귀는 자신은 위에서 든 이유 때문에 올빼미를 새들의 왕으로 선출하는 것을 반대한다는 의사를 분명히 표명했다. 그 결과 올배미를 새들의 왕으로 뽑고자 하는 의결사항은 부결되었고, … 그래서 새들은 금빛나는 거위를 그들의 왕으로 뽑고 흩어졌다.[26)]"

이 인용문에는 최고 지도자를 선출하는 것과 같은 의사결정과정에서 반대 측(혹은 소수자)의 의견이 반영되어 부결된 결과를 잘 보여주고 있다. 이는 의사결정은 본질적으로 전체 사회의 의사를 반영해야 함을 강하게 시시하고 있다. 물론 전체의 의사를 반영하는 방법과 관련해서는 차선책으로 다수결의 원칙을 도입할 수도 있었다. 그러나 합의가 전제된 다수결의 방법에 의한 결정은 민주주의적 성격을 갖는다.

그러나 이러한 합의를 위해서는 그 합의의 기반이 구축되어야 하는 바, 이를 구축하기 위해서는 평소에 자주 회합을 개최하여 사회적 통합도를 높여 두어야 한다. 경전에는 이에 관한 언급들이 산견된다. 그 대표적인 사례가 바로 붓다 자신이 종종 언급한 바 있는 고대 인도의 상징적

26) 앞의 글(Ratnapala, 1992).

통치자로 알려진 리챠비 왕들의 일곱 가지 통치 원칙인데, 그 중 첫 번째 원칙이 바로 자주 회합을 개최하는 것이었다[27]. 또한 경전에는 붓다가, 당시 그 지역의 최대 강국이었던 마가다 왕국이 밧지국을 침공하여 할 때 밧지국은 자주 회합을 하는 전통이 있고 그래서 사회통합도가 매우 높기 때문에 좀처럼 함락되지 않을 것이라고 말해 마가다국의 밧지국 침공을 포기하도록 유도한 이야기가 존재하는데, 여기에서도 회합과 사회통합도가 매우 중요함을 시사하고 있다. 나아가 경전에 따르면, 원래 밧지국은 이러한 회합의 정치문화에 기초하여 공화제를 채택하고 있었으며 붓다는 밧지국의 이러한 공화제를 이상적인 정치제도로 간주하였다[28]. 이는 민주적 의사결정이 민주적 정치제도에 의해 보장되는 것이 아니라 구성원들간의 소통 즉 회합을 통해 문화적으로 형성된 민주 문화적 기초가 민주적 정치제도를 형성하는 것임을 시사하고 있다.

2) 대승불교의 의사결정방식과 민주주의

대증불교 시대는 정치적으로는 군주제가 확립된 시대였다. 이는 현실 정치적 차원에서 볼 때 민주주의는 왕을 매개로 실현될 수밖에 없었음을 의미한다. 바로 이러한 조건 때문에 대승불교에서는 불교의 정치적 가치지향을 실현하기 위해 국가나 그 통치자인 왕조차도 보편적인 법(dharma)을 따르도록 유도하는 방법을 선택할 수밖에 없었다.

이렇듯 국왕을 매개로 하여 정치적 민주주의를 실현하기 위해서 왕은 소수의 대신들로부터 보고를 받기보다는(cool line) 여러 계층의 삶의 현

27) Ratnapala, N., 1992, *Buddhist Sociology*, Sri Satguru Publications(Delhi-India).

28) 앞의 글(피야세나 딧사나야케, 1987).

장을 두루 관찰하고 그들로부터 직접 보고 받아야(hot line) 했다[29]. 다음의 인용문을 보자.

"왕은 공경하는 마음을 다하고 존중하는 마음을 다하여 청하여 안정시킨 뒤 자문을 받는다. 무엇이 선법이며 무엇이 악법인가? 무엇이 올바르고 무엇이 그릇된 것인가? 무엇이 손해이며 무엇이 이익이 되는가? 라고. 행해야 할 것을 행하고 그만두어야 할 것을 그만둔다. 또 종종 경험 많은 사람, 지혜로운 신하, 도가 높은 사람, 숨은 학자를 모아야 한다. (내가) 미치지 못하는 것을 자문해 보고 이로써 총명히 국정을 자문 받아 그 득과 실을 평가한다. … 만약 국왕에게 지신기구智臣耆旧가 없으면 배가 주인을 잃고 선회하다 침몰하는 것과 같다.[30]"

이러한 왕의 민주적 태도는 의사결정을 위한 의사수렴과정의 민주성과 이어져야 한다. 다음의 인용문은 의사수렴의 민주성을 여하히 확보할 것인가를 구체적으로 보여주는 사례이다: "군신은 서로가 한 자리에 모여 정치를 의론하는 일이 있는데 그 때에는 질서를 지켜 회의장이 혼란스러워서는 안 된다. 한 사람이 말을 하고 있을 때 다른 사람이 그것을 차단하여 끊기게 해서는 안 된다. 반드시 갑甲이라는 사람의 의견 발표가 끝난 다음 을乙이라는 사람의 의견을 발표해야 한다.[31]"

이렇듯 자유로운 의견개진이 가능할 때 왕의 정책 결정은 현실에 부합할 뿐만 아니라 국민들로부터 동의를 확보할 수 있게 될 것이다. 다음의 인용문은 왕의 정책 결정이 현실과 부합해야 함을 잘 보여주고 있다.

---

29) 앞의 글(Ratnapala, 1992).

30) 앞의 글(中村元, 1999).

31) 같은 글(中村元, 1999).

"문: 국내의 국민이 왕에게 바치는 공물은 왕의 것인가? 혹은 다음 사람의 것인가?

답: 그것은 왕의 것도 아니고 국민의 것도 아니다. 왜냐하면 국민이 자신의 손으로 만든 것이기 때문에 왕 자신의 소유물이 아니다. 또한 국민의 소유물로 아니다. 왜냐하면 왕이 국민을 지켜 줌으로써 나온 것이기 때문이다. 그러므로 생산물 중에서 왕에게 올려 왕이 가져야 할 부분은 국민의 소유물이라고도 말할 수 없다.

문: 그렇다면 국민이 왕에게 올려야 할 물건을 올리지 않는다면 왕의 물건을 훔치는 것이 되는가, 그렇지 않은가?

답: 왕의 물건을 훔친 것은 아니다. 그러나 그 국민은 아깝다는 탐욕심으로 왕을 기만하여 공물을 바치지 않았기 때문에 헤아릴 수 없는 죄를 짓게 된다.

문: 그렇다면 나라에 바쳐야 할 것을 국민이 바치지 않을 경우 (국왕의 관리가) 채찍이나 지팡이로 문책하는 등의 수단으로 국민의 물건을 취했다면 그것은 강탈이 되는가 그렇지 않은가?

…

답: 어떤 사람에게는 강탈이 되지만 어떤 사람에게는 강탈이 되지 않는다. 즉 (1) 만약 어떤 사람이 태만하여… 노름에 빠져 재물을 잃었다면, 그것은 강탈이 아니다. (2) 그렇지만 어떤 국민에게는 강탈이 된다. 만약 어떤 국민의 가업이 도둑으로 인해 빼앗기고 … 비법적인 왕에게 빼앗기고, …가뭄이나 홍수 등으로… 재산을 잃을 경우, 이 사람에 대해서 왕은 당연히 세를 납부하도록 괴롭혀서는 안 된다. 만약 그들로부터 물건을 걷어 들인다면 그것은 강탈이 된다. 왜냐하면 가난한 사람을 동정하지 않고 '국민을 수호한다'라고 하는 왕의 직무를 망각하고 있기 때문이다…[32]"

초기불교가 대승불교로 발전해 나갈 즈음 대승불교문화권에서는 이미

---

32) 같은 글(中村元, 1999).

군주제가 확립되어 있었다. 때문에 대승불교는 군주의 실체와 절대 권력을 인정하지 않을 수 없었다. 이는 불교민주주의의 거대한 전환을 의미한다. 다시 말하면 대승불교는 전제군주를 통하여 법(Dharma)을 실현해야 한다는 전형을 겪은 것이다. 그럼에도 불구하고 위의 인용문에서 알 수 있듯이 대승불교의 정치문화 전통 속에서도 민주주의적 정치원리는 지속되었다.

5. 한국불교의 승가운영의 민주성

앞에서 논의한 불교의 가치지향성 및 의사결정의 민주적 특성은 특정한 사회 속에서 구체적인 불교문화로 실천되어 왔다. 특히 불교의 이념을 구현해 나가는 결정적인 담지체인 승가는 불교 정치문화의 민주적 전통을 재생산하는 결정적인 종교공동체이다[33]. 때문에 승가의 운영을 통하여 우리는 불교의 정치문화가 얼마나 민주적이었는지를 경험적 차원에서 확인해 볼 수 있다.

그런데 불행하게도 오늘날 대부분의 불교국가에서는 불교의 정치문화 전통을 원형대로 계승하고 있는 승가를 쉽게 발견할 수 없다. 그것은 승가가 사라졌거나 혹은 소수의 형태로 잔존하고 있기 때문이다. 반면에

33) 불교에서 승가는 불佛, 법法과 더불어 삼보三寶 중의 하나로 간주될 정도로 결정적인 요소이다. 그리고 불교는 세계종교(World religion) 중에서 승가라는 일종의 신앙 공동체를 가장 잘 발전시켜 온 종교로 간주되고 있는데, 이는 유신론적 종교와는 다른 불교의 고유한 종교성, 즉 자력 수행을 강조하는 불교적 종교성의 결과로 생각된다.

한국불교는 오늘날까지도 승가의 원형을 상대적으로 잘 유지해 오고 있다. 그것은 한국불교가 세계에서 유일하게 선불교의 전통을 간직하고 있다는 사실과 밀접하게 연관된 것으로 생각된다. 이에 여기에서는 한국불교의 승가운영의 사례를 통해 승가가 얼마나 민주적인 방식으로 운영되어 왔는지를 구체적으로 논의해 보고자 한다.

1) 불교정치문화의 담지체로서 승가

주지하듯이 승가란 부처님의 가르침을 따르는 무리들이 늘어나면서 자연스럽게 형성된 4인 이상의 불제자의 공동체를 말한다. 때문에 승가 구성원들의 공동체 생활 역시도 그 가르침에 따라 이루어졌을 것임은 불문가지이다. 이는 우리가 승가의 운영이 정법주의와 민주적 의사결정 방식에 따라 운영되었을 것으로 기대하는 이유이다.

실제로 승가는 지리적 한계 때문에 여러 지역에 흩어져 있었음에도 불구하고 단위상가(이를 현전승가라 한다)의 연합(이를 시방승가라 부른다)은 모든 구성원들에게 동등하게 적용되는 단일한 공동규약인 법(法, Dharma) 또는 율(律, Vinaya)을 따랐다[34]. 이러한 원리에 따랐기 때문에 승가의 사회질서는 승랍, 수행이력 그리고 법과 율에 대한 이해의 정도에 따라 서열과 위계가 정해졌다. 그리고 승가의 행정 조직은 현전 승가의 합의에 따라 적합한 사람에게 소임을 배정함으로써 운영되었다[35]. 그러

34) 심지어 부처님께서도 율을 제정하는 순간부터 바로 그 율에 적용을 받았다. '예외 없는 규칙은 없다'는 속담의 유일한 예외이다. 이에 대한 자세한 논의는 Sunanda Putuwar(2002)를 참고하기 바란다.

35) 이를 가장 쉽게 확인할 수 있는 것이 바로 승가의 모든 구성원들에게 맡은 바 의무(소임)을 배정하여 기록한 용상방龍象房이다. 이 용상방에는 단 한사람도 소

나 승가의 행정을 위한 우두머리는 없었다[36]. 실제로 율장을 보면 승가의 여러 직책 중에서는 최고책임자를 의미하는 직책, 즉 장長의 직책은 발견할 수 없다. 모두가 주어진 소임을 수행하는 동등한 구성원이다. 실제로 붓가가 열반했을 때, 거기에는 승가를 이끌도록 권위가 주어진 계승자가 없었다[37]. 때문에 승가의 행정구조는 과두화寡頭化라는 관료제의 한계[38]를 전혀 내포하고 있지 않았다. 이는 승가가 평등한 공동체임을 의미함과 동시에 민주적인 공동체였음을 시사하고 있다.

승가 운영의 민주성은 수계절차[39] 뿐만 아니라 승가공동체 생활의 모든 의사결정 과정에서 가장 뚜렷하게 나타났다. 붓다는 승가 공동체의 모든 일을 모든 구성원들이 자주 회합을 개최하여 가능한 한[40] 만장일치로 결정하도록 권고했기 때문이다. 실제로 승가공동체의 구성원들은 자신들의 일상생활, 관습들, 도덕적 실천행, 수행발달 상태, 그리고 심지어 붓다의 가르침에 대해서 토론하도록 장려되었다. 심지어 의사결정과정에서, 승가는 병들었거나 장애를 가진 승려들을 위해 부재자투표(chandam hara)를 시행하기도 하였다.

외시켜서는 안 되며, 모든 구성원들이 동참하여 공동체적 방식으로 모든 일을 수행해 나갔음을 잘 보여주고 있다.

36) 앞의 글(피야세나 딧사나야케, 1988).

37) Putuwar, S., 1991, *The Buddhist Sangha*, University Press of America.

38) 저명한 정치학자인 미헬스는 관료제는 필연적으로 과도화할 수밖에 없다고 진단하면서 이를 '과두제의 철칙'이라 명명하였다.

39) 구체적인 수계절차에 대해서는 율장에 자세하게 명시되어 있고 그러한 절차는 지금까지도 이어져 오고 있다. 구체적인 수계절차에 대해서는 마하박가(1998)를 참고하고 수계절차의 민주성에 대한 논의는 Putuwar(2002)를 참고하기 바란다.

40) 물론 불가피할 경우 다수결의 원칙이 채택되기도 했다(Ratnapala, 1992; Putuwar, 2002).

이러한 민주성은, 불교가 처음부터 비구니로 구성된 비구니 교단을 형성하고 었었다는 점에서 가장 극적으로 나타난다. 주지하듯이 붓다 당시는 물론 그 이후에도 인도뿐만 아니라 세계 모든 지역이 매우 가부장적 사회구조를 형성하고 있었기 때문에, 여성 성직자가 출현하기란 사실상 불가능하였다. 물론 붓다의 경우도 바로 이러한 점을 염두에 두면서 여성의 출가에 대해 주저하는 태도를 취하기도 하였으며 약간의 차별적 조건도 제시한 바 있다. 그러나 이는 당시의 여론을 고려한 일종의 전략이었을 가능성이 매우 크다[41]. 이렇게 볼 때, 승가는 계층, 연령, 성, 직위 등에 있어서 차별을 두지 않고 누구나 참여할 수 있는 민주적 정치문화를 관철시켜 나가는 일종의 담지자(agent)였다[42].

이러한 승가의 민주적 운영방식은 오늘날 한국불교에서도 그대로 이어져 왔다. 그리고, 비록 근대 이후 한국불교가 근대식 삼권분립체제를 수용하여 근대적 종무행정체계를 확립하고 있을 뿐만 아니라 대의제 민주주의와 선거제도를 도입하고 있음에도 불구하고, 오늘날 한국불교는 전통적으로 행해져 온 불교의 정치문화 전통을 잘 유지해 오고 있다. 특히 종단의 권력체계나 승가의 공식적인 행정체계와 무관한 비공식적 조직 활동이나 소집단의 특성을 지닌 현전승가(지역승가)의 각종 생활과 관련된 의사결정과정은 아직도 전통적인 불교정치문화의 원리를 그대로 활용하고 있다. 갈마제도羯磨制度, 대중공사大衆公事, 자자自恣와 포살布薩 등은 그 대표적인 유제로서 오늘날 한국불교에서도 여전히 시행되고 있는 불교 고유의 정치문화 전통이다. 이러한 전통은 한편으로는 불교의

41) 앞의 글(Ratnapala, 1992).

42) 여성의 출가와 관련된 제세한 논의는 Ratnapala(1992)를 참고하기 바란다.

정치문화 전통을 계승하면서도 다른 한편으로는 현전승가의 일상생활과 관련된 중요한 의사결정의 방식으로 활용되고 있어서 근대적 정치제도의 한계를 보완하는 역할을 하고 있다. 따라서 우리는 이러한 전통을 자세히 살펴봄으로써 그 민주적 함의를 도출해 볼 수 있다.

2) 갈마제도

한국불교 승가의 일상생활이나 행사 등과 관련된 의사결정은 현전승가地域僧伽에서 전원 합의와 전원 찬성에 의거하여 이루어지며 한 사람의 이의가 제기되어도 그것은 집행되지 않는다. 이러한 의사결정과정을 통상 승가갈마라 하기도 하고 줄여서 갈마羯磨, Karma라 하기도 한다(佐藤密雄, 1994). 결국 갈마는 불교의 고유한 회의 방법이라 할 수 있다. 그런데 갈마의 시행 과정에서는 신참 비구나 화상비구, 그리고 스승 비구나 제자 비구가 모두 동격동권同格同權으로 의사결정, 결의, 그리고 집행에 참여하는 바, 여기에서 우리는 승가의 운영이 매우 민주적인 방식으로 이루어지고 있음을 잘 알 수 있다.

통상 갈마는 단백갈마單白羯磨, 백이갈마白二羯磨, 그리고 백사갈마白四羯磨 등 세 가지 유형으로 나누어진다. 단백갈마는 월례의 포살布薩이나 안거후의 자자自恣 등과 같은 집단적 활동이나 행사를 대비하여 현전승가의 전원에게 통지通知하는 것을 말한다. 만약 한사람에게라도 통지가 되지 않으면 그 행사의 결정은 무효가 된다. 예컨대 월례月例의 포살을 시행할 때, 사회자는 '승가는 화합하였는가? 아직 대계大戒를 받지 아니한 자는 나갔는가? … 지금 이 화합은 무엇을 위하여 행하는가? … 설계갈마이니라'라고 선언하면 포살설계를 위한 집합集合이 성립되는데,

이 집합은 백白=議案으로만 성립되기 때문에 단백갈마라 한다. 삭발, 자자 등 39 종의 단백갈마가 있다. 다음으로 백이갈마는 '모某 정사精舍를 포살당布薩堂으로 정한다'와 같은 결의문 형식의 백白을 제출하고 거기에 대하여 1 회 찬부贊否를 묻고 이의가 없으면 성립하는 갈마제도를 말한다. 대체로 가부可否를 묻고자 할 때 활용된 의사결정 방식으로서 승물분배, 소임자 선출 등 57종의 백이갈마가 있다. 마지막으로 백사갈마는 동일한 백白에 대하여 세 번 거듭하여 찬부贊否를 묻는데, 이를 갈마설羯磨說이라 한다. 특히 백사 갈마는 승가의 새로운 구성원을 받아들이는 비구계 수계식이나 출죄出罪 및 징계와 같이 매우 중요한 의결을 할 경우에 사용된다.

이 중에서 특히 백사갈마는 승가의 의결방식이 얼마나 철저히 민주적인 방식으로 이루어지고 있는지를 잘 보여주고 있다. 수계식의 한 장면을 보자: '대덕승大德僧은 들으시오. 이 모갑은某甲은 화상 모갑和尙某甲을 좇아서 수구족계受具足戒를 청請하오. 모갑은 지금 중승衆僧을 좇아서 수구족계를 청하오. 화상은 모갑이오 모갑은 스스로 청정하고 제난이 없다고 하오. 연령은 이십을 채웠고 삼의三衣와 일발一鉢을 갖추었소. 만약 승僧에 때 이르면 승은 지금 모갑에게 구족계를 수여하리, … 백白은 이와 같소'라고 백을 술述한다. 그러면 이 백에 대하여 찬부를 묻는 갈마설은 이 백문白文을 거듭하고 끝머리에 '백은 이와 같소' 대신에 '누구든지 제장로諸長老 가운데 승은 모갑에게 수구족계를 수授하리라. 화상은 모갑이니라'에 대하여 '인(容認)하는 자는 침묵하시오. 누구든지 인하지 않는 자는 설(發言)하시오. 이는 초갈마初羯磨이오'라고 발언한다. 이 갈마설이 세 번 거듭되어도 침묵의 찬성이 이어지고 반대의 발언이 없으면 백문白文에 담겨진 내용은 결정된 것이 되며, '승은 정하되 모갑에게 수구족계를 수여하였소, 화상은 모갑이고 승僧은 인하여 묵연默然하였기에 이 일을 이와 같이 지持하오'라고 선언하고 성립의 보고를 한다[43].

이렇듯 승가의 모든 행사나 중요한 의사결정은 오로지 이러한 갈마제도에 의해 결정되었다. 바로 이러한 전통으로 말미암아 현전승가의 대중들에 의해 결정된 의결사항은 그 자체로 합법성을 지닌다. 중앙본부나 중앙행정기구도차도 이 결정에 개입할 수 없다. 아직도 현전승가에서는 이러한 갈마제도가 큰 영향력을 지니고 있고, 따라서 중앙종권의 근대적 삼권분립체계 및 행무행정체계의 대의제적 한계를 보완하는 기능을 하고 있다. 이렇게 볼 때, 한국불교가 갈마제도와 그 계율을 호지護持하는 한, 승가는 민주적인 방식으로 운영될 것이다.

그러나 승가의 일상생활과 관련된 모든 사안들이 갈마를 통해 해결하는 것은 아니다. 승가는 매일 매일의 일상생활을 점검하여 원만한 대중생활을 유지하도록 하기 위해 대중공사大衆公事라는 제도를 활용하였으며 월별로는 포살布薩을 행하였다. 또한 안거 후에는 수행자들 스스로가 대중들로부터 스스로의 잘못을 지적받고 참회하는 계기를 제공하는 자자自恣를 행하기도 하였다. 다만 자자와 포살은 사회통제의 기능을 하는 일종의 규제장치의 성격이 강하였다. 따라서 아래에서는 대중공사제도에 대해서만 간략하게 살펴보고 그 민주주의적 함의를 도출해 보고자 한다.

3) 대중공사

대중공사大衆公事는 현전승가의 매일매일의 일상생활과 관련된 대소

43) 佐藤密雄. 1994. 『律藏』. 최법혜 옮김. 동국역경원.

사大小事를 결정하는 일종의 의사결정 회의이다. 갈마가 모든 현전승가에서 공통적인 형식으로 행해지는 것에 반해, 대중공사는 현전승가마다 주어진 조건과 시시각각의 상황에 따라 그때그때의 회의를 통해 적절히 대응해 나가기 위한 제도적 장치이다. 그러나 한국불교에서 '대중이 원하면 소도 잡아먹는다'는 말이 생겨날 정도로, 대중공사의 의결사항은 절대적 권위를 가지고 있다.

통상 대중공사는 약식의 대중공사, 정식의 대중공사, 그리고 산중공사 등 세 가지 형태로 향해지고 있다. 약식의 대중공사는 아침 공양이 거의 끝날 무렵 발우를 씻어 자리를 정돈한 후 찰중察衆이 주관한다. '한 말씀 드리겠습니다'라는 말을 필두로 찰중은 그날의 사중 소대사 혹은 운력 여부 등을 보고하고 나아가 3일 이상 사중을 떠나게 될 사람이 대중에게 행선지를 밝히고 삼배를 올리는 등의 보고를 하게 한다. 반면에 사중의 중대사에 대해서는 정식의 대중공사를 개최한다. 정식의 대중공사는 사전에 공사날짜를 대중들에게 알려고 집회의 시간이 다가오면 찰중이 위임한 부전副殿이 운집 목탁을 쳐서 집회를 알린다. 대중공사에 참석할 때에는 모든 참가자들이 가사와 장삼을 수垂해야 하며, 집회의 진행은 입승入繩이나 유나維那 혹은 율주律主가 맡는다. 진행은 죽비를 세 번 치는 것을 시작으로 대중이 마주보고 반배를 올림으로써 시작된다. 그리고 이 자리에서 결정된 사항은 사중 전체의 의결사항으로 처리된다. 마지막으로 산중공사는 사중뿐만 아니라 산중의 암자 등에 살고 있는 대중까지 모두 참석하여 행해지는 대규모 집회이다. 매우 중대한 사안이나 긴급 사안을 알릴 때 사용하는 대종大鐘을 5회 혹은 정해진 수만큼 침으로써 집회를 산중에 집회를 알린다. 특히 산불이나 큰 스님의 열반 등 산중

전체와 관련된 긴급사항을 결정하기 위해서는 대종을 빨리 혹은 느리게 여러 번 치는 경우도 있다. 산중공사의 진행은 주지住持 혹은 조실祖室, 방장方丈 등이 맡으며, 여기에서 결정된 의결사항은 산중 전체는 말할 것도 없고 때로는 종단 전체에도 영향을 미친다.

물론 산중공사와 유사한 기능을 하는 공식적인 의결기구인 산중총회가 개최되기도 한다. 산중총회는 비구계를 수지한 지 5년을 경과한 당해 교구 재적 승, 임명일로부터 1년이 경과한 교구본사 국장급 이상의 종무원인 비구, 교구 관할 말사 주지인 비구 혹은 비구니, 비구계를 수지한지 5년을 경과한 자로서 주민등록상 2년 이상 당해 교구본사에 거주하고 있는 자 등이 모두 참석한다. 이러한 산중총회는, 산중공사와는 달리, 교구본사가 소재하는 산중의 총의를 결집하기 위해 개최되는 공식적인 산중의 최고 심의 의결기구이다. 이 회의는 총림방장 후보자를 선출하거나 혹은 교구본사 주지 후보자를 선출하기 위하여 교구본사의 주지 혹은 교구선거관리위원회가 소집한다. 이 회의에서 결정된 사항은 교구는 물론 종단의 공식적인 의결사항으로 처리된다[44].

한국불교의 승가가 운영되기 위해서는 사안의 경중에 따라 이렇듯 다양한 유형의 대중공사가 개최되었다. 이는 한국불교의 승가가 철저히 대중공의大衆公儀를 바탕으로 운영되었음을 의미하며, 아래로부터 대중의 의사를 수렴하는 절차를 거침으로써 진정한 의미의 민주주의를 실현하고 있음을 의미한다.

---

44) 그 밖에도 종단 개혁과 같은 종단 전체의 중대한 사건을 처리하는 의사결정방식으로서 '전국 승려대회'가 개최되는 경우도 있다. 1994년 한국불교 조계종단의 개혁운동은 그 대표적인 예이다. 이에 대한 자세한 논의는 유승무(1995)를 참고하기 바란다.

6. 결 론

지금까지 우리는 정치적 가치지향성과 의사결정방식이란 매개개념을 활용하여 불교의 정치문화전통이 어떻게 실질적 민주주의를 구현해 왔는지를 살펴보았다. 본 연구에서는 집중적인 논의를 전개하지 못하였지만, 이는 불교의 고유한 몇 가지 전제 조건 위에서 가능하였다. 이에 여기에서는 이러한 조건을 검토하면서 이 글의 한계 및 탈근대적 의의를 동시에 도출해 보고자 한다.

첫째, 불교의 정치문화가 민주주의적 특성을 담을 수 있었던 것은 무엇보다도 불교의 연기적 세계관이 전제되어 있었기 때문이다. 이는, 서구 근대의 개인주의적 세계관에 의지해서는 불교적 민주주의가 구현될 수 없다는 것을 의미한다. 때문에, 본 연구는 한편으로는 오늘날의 사회현실에 부합하지 않는 이상주의적 논의라는 비판에 직면할 수 있지만 다른 한편으로는 바로 그렇기 때문에 '서구 근대'라는 시공간적 한계를 넘어서서 탈근대적 정치문화를 모색하려는 오늘날의 시대적 과제에 부합하는 논의라는 학문적 의의를 가질 것으로 기대된다.

둘째, 화합의 공동체란 의미를 지니고 있는 승가僧伽라는 공동체적 사회환경이 불교적 민주주의를 가능하게 한 또 다른 중요한 조건이었다. 이러한 조건은 또한 개인주의사회, 합리주의사회, 이익사회, 자유로운 개인 간의 계약에 의한 계약사회 등의 특성을 지닌 현대사회의 조건과는 전적으로 다르다. 때문에 현대사회가 공동체적 사회로 전환되지 않는 한 —그러나 이러한 전환은 통상 근대에서 전근대로의 역사적 퇴행이라는 의미로 받아들여지기 때문에 실현될 가능성은 매우 희박하다—, 본 연구는 아무런 실천적 의미를 가질 수 없는 것처럼 보인다. 그러나 오늘날 현대사회가 장차 극복되고 지양되어야 할 사회라면, 그리고 그 방향은 다시 공동체의 부활을 지향한다면, 이 논의는 탈현대적 의의를 지닐 수 있을 것이다.

셋째, 불교적 민주주의를 구현하는 풀뿌리 단위인 현전승가의 정치적 자율성, 즉 전체사회를 구성하는 하위사회 혹은 하위 집단의 정치적 자율성이 존재하였다. 최근 대의제 민주주의의 대안으로 시민사회 차원의 이른바 '풀뿌리 민주주의'가 등장하고 있다는 점을 고려해 볼 때, 이러한 조건은 어느 정도 충족될 가능성도 배제할 수 없다. 이렇게 볼 때, 현정승가의 민주적 운영은 '풀뿌리 민주주의'의 발전이 향후 민주주의의 성숙에 매우 결정적인 조건이 될 것임을 시사하고 있고, 바로 그러한 점에서 본 연구의 탈근대적 의의를 도출해 볼 수도 있다.

넷째, 비록 특수한 종교사회이지만, 한국사회 속에서 한국불교의 승가는 불교의 민주주의적 정치문화의 전통을 잘 계승해 나가고 있다. 또한 이러한 전통은, 비록 한국불교의 승가가 일제 이후부터 근대적 정치제도를 공식적 정치제도로 정착시켜 나가고 있지만, 비공식적이고 미시적인 지배질서 및 정치질서를 유지해 나가는 데 결정적인 역할을 하고 있다. 그 결과 근현대 한국불교가 근대적 지배질서와 불교의 정치문화 전통에 입각한 탈근대적 지배질서 사이의 심각한 갈등을 겪어 왔지만, 그 갈등이 어느 한편의 일방적 우위로 귀결되지는 않고 있다. 때문에 '미래의 한국불교가 이렇듯 상호 모순되는 정치문화 혹은 지배질서 사이의 긴장과 갈등을 여하히 해결해 나갈 것인가?'에 관한 인식관심은 본 연구의 후속 과제로 남겨두지 않을 수 없다.

참고문헌

마하박가. 1998. 최봉수 옮김. 시공사.
장아함경(22권).
잡아함경(12권).

강정인. 1997. 「대안민주주의」. 『참여민주주의와 한국사회』. 창작과비평사.
손혁재. 1997. 「참여민주주의의 정치제도 구상」. 『참여민주주의와 한국사회』. 창작과비평사.
유승무. 1995. 「한국불교 조계종단의 정치혁명」. 『종교와 한국사회』. 한국사회이론학회.
______. 1996. 「베버의 대승불교 해석에 관한 비판적 이해」. 『논문집』 제6집.
______. 2003.「한국불교의 사회참여」. 『논문집』 제10집. 중앙승가대학교.
윤세원. 1985. 『불타의 정치사상에 관한 연구』. 중앙대학교 대학원 정치외교학과 박사학위논문.
이극찬. 1981. 『정치학』. 법문사.
정태환. 2003. 『한국의 정치사회적 갈등』. 일신사.
정천구. 1993. 『불타의 정치 · 사회적 깨우침』. 보림사.
최법혜. 2001. 「고려판 선원청규 역주」. 가산불교문화연구원.
최장집. 2005. 『민주화 이후의 민주주의』. 후마니타스.
사르토리. 1999. 『민주주의 이론의 재조명』. 이행 옮김. 인간사랑.
피야세나 딧사나야케. 1987. 『불교의 정치철학』. 정승석 옮김. 대원정사.
佐藤密雄. 1994. 『律藏』. 최법혜 옮김. 동국역경원.
中村元. 1999. 『종교와 사회윤리』. 석오진 옮김. 경서원.
Putuwar, S., 1991. *The Buddhist Sangha*. University Press of America.
Ratnapala, N., 1992. *Buddhist Sociology*. Sri Satguru Publications(Delhi-India).

동학에 나타난 민주주의: 인권, 공공성, 국민주권

오 문 환

1. 민주주의와 동학

민주주의는 거의 세계적 공감을 얻는 보편어이자 보편제도가 되었다. 아직까지는 민주주의를 대체할 만한 뚜렷한 주장이 분명하게 나타나지 않은 것 같다. 그러므로 각국의 다양한 문화전통과 정치제도들을 민주주의라는 이른바 '보편적' 잣대로 측정되고 평가하는 작업은 어쩌면 당연하다고 할 수 있다. 비록 민주주의는 보편적 지지를 받고 있지만 각각의 정치공동체가 처한 상황에 따라서 다양하게 발전되어 왔다. 한국의 경우도 지난 1887년 민주화 운동이후 결코 순탄치 않은 민주주의의 공고화 과정에 들어서고 있다. 한국사회에 뿌리를 내리고 있는 민주주의는 결코 어느 날 갑자기 외부로부터 이식되어 이루어진 것이라기보다는 비교적 긴 역사적 과정 속에서 축적된 결과라고 할 수 있다. 19세기말 '후천개벽' 또는 '다시개벽'이라는 새로운 문명표준을 선언하면서 시작된 동학에 주목하는 이유는 한국 민주주의의 뿌리가 동학에 있다는 문제의식에서 출발한다.

민주주의가 시대적 담론이기에 그 의미 또한 매우 복잡하다. 아마도 민주주의만큼 다의적인 개념도 없을 것이다. 그러므로 심지어 일당독재나 일인독재 체제도 '인민 민주주의'라는 이름을 내걸고 있는 현실이다. 동학에서 민주주의적 성격을 찾기 위해서는 민주주의에 대한 최소한의 개념정의가 필요하다. 민주주의에 대한 최소한의 개념정의도 사실상 쉽지 않기 때문에 보다 깊은 논의는 민주주의론 전문가에게 맡기고 이 글에서는 아래처럼 최소한의 개념정의를 하고 이러한 사상적 특성을 동학에서 찾아보고자 한다.

우선 자유 민주주의가 주장하는 개인들의 정치·경제·사회·문화·사상·종교상의 자유와 권리는 민주주의에서 매우 중요하다. 제반 인권은 민주주의의 기초를 구성하고 있다고 하겠다. 뿐만 아니라 자신의 신념과 사상에 따른 자유로운 집회·결사·정당 등을 통한 정치활동이 보장되어야 할 것이다. 조직화를 통하여 공공성에 참여하고 소통의 장을 통하여 공론을 형성한다는 것은 민주주의의 중요한 요소 가운데 하나이다. 소통적 공론과 경쟁적 공공성은 민주주의의 기초토대라 해도 좋을 것이다. 여기에 더하여 민주주의 국가는 대내외적인 국민주권의 불가양도성·절대성·불가침성을 갖고 있음이 고려되어야 할 것이다. 19세기말 상황에서 국가보전에 비한다면 민주주의는 부차적이었을 것이다. 그러나 국가보전의 근본 주역이 민이라는 점에서 민주주의는 민족국가와 긴밀한 관계를 가지고 있음을 간과하기 어렵다. 대외적 국가주권은 민주주의를 실질적으로 보호하는 방어막이라 할 수 있다. 또한 산업화이후 등장하기 시작한 노동자들의 경제권과 정치권의 연계는 현대 민주주의에서 중요한 문제이다. 인민의 경제권 · 대표권 · 정치권은 현대 민주주의의 대단히 중요한 과제이다.

이 글의 관심사는 이러한 최소한의 민주주의를 동학에서 찾아 분석함으로써 그 성격과 차이점을 찾는 것이다. 즉, 인권 · 공공성 · 국민주권과 같은 민주주의의 개념으로 동학을 분석하는 것이 이 글의 목적이자 주된 논제인 것이다. 물론 서구의 경험에서 발전되어온 이러한 민주주의의 개념들로서는 동학의 성격을 분명하게 드러내지 못할 수도 있을 것이다. 그러므로 동학의 민주주의적 성격과 함께 동시에 동학적 고유성도 동시에 살필 필요가 있다.

동학에서 인권 · 공공성 · 국민주권과 같은 개념을 찾을 수는 없을 것이다. 그러므로 동학의 민주주의를 분석하기 위해서는 동학의 개념을 현대적으로 재이해하는 해석학적 접근이 필요하다. 민주주의의 주요 논제들을 동학식으로는 어떻게 이해할 수 있을까?

우선 인권의 문제를 보자. 동학은 '하늘마음이 곧 사람마음이다(吾心卽汝心)', '사람이 하늘을 모시고 있다(侍天主)'[1]라는 자각에서 시작되었기 때문에 비록 서구 민주주의적 인권과는 다르지만 인권에 대한 명료한 자각이 있었음을 살펴볼 것이다. 동학은 우주상에 있어서 인간의 위상과

1) 수운, 「논학문」6, 수운의 저작은 『東經大全』과 『용담유사』 癸未版을 저본으로 하고 본 계미판은 韓國學文獻硏究所 編, 『東學思想資料集 壹貳參』, 亞細亞文化社, 1979에 영인되어 있다, 해월 최시형의 저술은 「內修道文」, 「內則」, 「遺訓」이 있으며 서울대 중앙도서관 奎章閣圖書 문서번호 17295 東學書 30책에 실려 있다. 愼鏞廈 교수가 『韓國學報』, 12(1978), pp. 198-202에 전제하고 해설을 붙였다. 해월의 말을 孫天民이 한자로 옮긴 「理氣大全」도 해월의 저서이다. 『韓國學報』, 21(1980), 150-155면. 수운, 해월의 저서 인용은 『天道敎經典』 포덕138년(1998)판을 참고로 한다. 이하에서 인용 출처는 저자의 호, 편명 그리고 장번호로 표기한다.

정치공동체에 있어서 인간의 위상을 새로이 설정함으로부터 시작되었다. 서구 모더니티의 도래라고 하는 19세기적 상황에 대하여 동양은 다양한 대응을 모색하였다. 무엇보다도 먼저 동양은 서구 모더니티의 막강한 군사력과 경제력을 실감하였다. 그러므로 부국강병富國強兵은 시대적 화두였다. 이와 같은 시대적 상황을 대처하는 방안으로서 동학은 보다 근원적인 성찰을 하였다. 새로운 인간의 발견을 통하여 시대적 위기를 극복하고자 하였던 것이다. 그러므로 동학은 이러한 새로운 발견을 민주주의적 맥락보다는 새로운 문명의 개벽開闢으로 의미부여를 하였다는 점을 분석할 것이다.

다음으로 이 글은 공공성을 논하고자 한다. 공공성이란 정치적 주체들이 정치에 참여하는 실제적 기제이다. 근대 자유민주주의에서 개인들간의 경쟁이 시장을 통하여 이루어졌다면 정치적 집단들간의 경쟁을 법이라는 합리성에 의거하여 절차화하는 방식을 민주주의로 흔히 부른다. 그러나 동학에서 이러한 절차적 합리화의 기제를 찾기는 매우 어렵다. 왜냐하면 동학은 정치제도로까지 정립된 경험이 없기 때문이다. 뿐만 아니라 동학은 정치현상을 분석하거나 이해하는 학문적 연구서를 남기지도 않았다. 그럼에도 불구하고 동학은 당시의 조선이라는 국가체제와 대응하고 문명적 위기를 극복하는 과정에서 독자적인 공공 조직을 형성하였다. 그러므로 이 글은 동학의 접포제接包制이라는 수행적 공동체성에 주목하여 동학적 공공성의 특성을 분석하고자 한다. 접포제를 통하여 조직화된 민은 일련의 민족자주 집회와 혁명운동의 형식으로 표출되었다. 또한 경통敬通 등과 같은 매체를 통하여 공론을 형성하여 유교집권세력의 경쟁하게 된다.

마지막으로 동학이 보은집회를 통하여 척왜양斥倭洋이라는 새로운 공론을 주도하고 고부봉기를 통하여 부패관료 척결이라는 반봉건 투쟁에서 자주적·혁명적 민주주의를 볼 수 있을 것이다. 반침략적·반봉건적 성격을 가지는 동학농민혁명과 전쟁에 대해서는 이미 역사학계에 의하여 상당 정도 연구가 진척되었기 때문에 동학의 자주적 민주주의의 성격을 입증하기 위해서는 새로운 연구가 필요한 것은 아니다. 근대 민주주의의 등장은 민의 자발성에 기초한 혁명적 전환을 통하여 이루어졌다는 사실을 지적하는 것만으로 동학의 민주주의적 성격을 드러내는 데 충분할 것이다. 이 글에서는 반침략적 민족자주 운동이 민의 대외적 국민주권을 보여준다면 민의 혁명운동은 대내적 국민주권의 맥락으로 분석할 것이다. 국민의 군대를 통한 대외주권의 확립과 국가의 주인으로서의 민의 혁명운동은 프랑스혁명으로 상징되는 근대 민주주의의의 맥락에서 이해될 수도 있을 것이다.

이러한 분석은 동학의 정치사회적 지향을 민주주의적 성격을 보여주겠지만 동학의 본령은 역시 독창적인 새로운 문명에 대한 비전이라는 점도 간과하지 말아야 할 것이다. 민주주의보다는 오히려 '개벽'사상에서 동학의 본령을 뚜렷이 볼 수 있을 것이다. 그럼에도 불구하고 동학에 나타난 민주주의를 인권 문제부터 살펴보자.

2. 인권: 시천주侍天主

개인의 정치적 권리자각은 근대 민주주의의 중요한 척도이다. 자연법이나 신법이 아닌 인간 권리에 기초한 정치는 홉스에 의하여 정치철학적으로 열렸다[2]고 할 수 있다. 이른바 권리의 '소유적 개인'의 탄생은 근대 계약론의 기초토대였다. 그러나 절대적 권리를 소유한 개인들은 '만인에 의한 만민의 전쟁'이라는 공포에서 벗어나기 위하여 자신의 절대적 권리를 레바이아탄(Leviathan)에게 양도함으로써 개인들은 국가주권에 복속하게 된다는 것이 홉스의 주장이다.

그러나 로크, 루소, 칸트, 밀(J. S. Mill) 등의 근대 자유주의자들은 양도할 수 없는 권리에 기초한 정치사회를 구상하여 개인들 간의 계약과 합의의 산물로서 정치사회를 제시하였다.[3] 서구에서 계약론은 근대 민주주의의 사상적 기초이다. 계약에 의하여 정치사회를 형성한 개인들의 권리관념은 비단 정치에만 한정된 것이 아니라 경제, 사회, 문화, 사상, 종교 등으로 확장되었다. 민주주의란 권리를 소유한 개인들 간에서 벌어지는 권리들의 충돌을 합리적으로 해결하는 절차로 등장하게 된다. 그러므로 민주주의의 발달에서 개인의 발견은 매우 중요하다.

민주주의로 동학을 접근하기 위해서는 우선 이러한 개체적 인간, 인권에 대한 자각과 인식 등이 동학의 경우에 어떻게 이해되고 있는지의 문제를 살펴야 할 것이다. 먼저 개체성의 문제를 보자면 동학은 권리주체로서의 개체성에 대한 논의는 찾기 어렵다. 이는 근대정치사회의 등장을 개체들 간의 계약이나 합의에 의하여 탄생한 것으로 보는 계약론적 사고를 동학에서는 찾을 수 없다는 뜻이다. 따라서 동학에서 개인주의적 민주주의의

2) Leo Strauss / Translated by Elsa M. Sinclair, *The Political Philosophy of Hobbes* (Chicago and London: The University of Chicago Press, 1963), p. 156.

3) H. J. Laski, *Political Thought in England, Locke to Bentham* (London: Oxford University Press, 1920), p. 29.

성격을 찾기는 어려우며 오히려 공동체적 민주주의의 성격은 찾을 수 있을 것이다.[4] 여기에서 동학의 공동체성은 결코 계급성이나 인민성과는 뚜렷하게 다름을 분명히 할 필요가 있다. 동학의 공동체성은 계급적이기보다는 우주적 공동체적이라 할 수 있다. 즉, 동학은 인간의 우주적 관계성을 인간의 실상으로 보았다. 이러한 인간의 우주적 관계성은 동학의 용어로는 '인오동포人吾同胞'와 '물오동포物吾同胞'의 개념으로 표현된다. 동학에서 인간은 천주와의 관계성이나 우주적 기운과의 관계 속에서 이해될 뿐이다. 동학의 독특한 인권 개념도 이러한 관계성에서부터 나온다.

인권에 대한 동학의 관점을 분석하기 위해서는 우선 동학의 인간관을 볼 필요가 있으며 다음으로 동학의 권리 관념을 분석할 필요가 있다.

먼저 동학은 인간에 대한 완전히 새로운 자각에서부터 출발했다는 사실이 매우 중요하다. 1860년 4월 5일 수운은 '하늘마음이 곧 사람마음이다(吾心卽汝心)'라는 자각을 통하여 동학을 출범시켰다. 이후 해월에 이르면 '사람을 하늘과 똑같이 섬기라(事人如天)'거나 '자연사물도 공경하라(敬物)'는 동학의 새로운 도덕 · 윤리가 정립된다. 의암 손병희에 이르게 되면 주지하다시피 '사람이 하늘이다(人乃天)'라는 명제로 동학의 새로운 인간관이 정립된다. 여기에서 중요한 사실은 이러한 인간관은 단순한 선언이나 구호가 아니라 실존적 체험이었기 때문에 철학에 그치는 것이 아니라 일상생활에서 실천되었다는 점이다. 즉, 인간존재는 본질적

---

4) 동학의 경우에도 개체성이 나타난다고 보는 입장도 있으나 과연 동학에서 인간을 개체적 존재로 인식하고 있는지는 분명치 않다. 오히려 동학에서 인간은 관계적 존재로 이해되고 있다는 것이 일반적인 견해이다. 개체성의 인식과 관련한 논의는 임중재, 「동학사상의 근대적 개체성 논리와 인간관에 관한 고찰」, 『동학학보』 제4호(2002). 참조.

으로 하늘과 동떨어져 논의할 수 없다는 것이다. 이러한 개념들은 철학적 사유에서 도출된 것이 아니라 체득體得이나 심득心得에서 나온 표현임을 알 수 있다.

동학의 이와 같은 인간관의 특성을 필자는 근대 휴머니즘과 대비하여 네오휴머니즘(neo-humanism)으로 정의한 바 있다.[5] 휴머니즘이 인간의 몸, 인간의 욕망, 인간의 감성, 인간의 이성 등의 회복을 강조하여 신으로부터의 해방과 자연의 통제와 정복을 강조하는 반면 네오휴머니즘은 인간은 영성으로 하늘과 통하고 자연성으로 자연사물과 소통하는 존재로[6] 보아 인간을 신과 자연을 하나로 관통하는 존재로 본다. 동학은 신성神性과 자연성自然性을 갖춘 인간을 발견하여 신과 인간 그리고 자연을 하나로 관통시키는 철학을 제시하였다는 점이다.[7] 이 점이 동학의 가장 두드러진 특징이라 할 수 있다. 즉, 천지인天地人 통일사상이라 할 수 있다. 서구 근대적 인간관과의 차이가 매우 분명하다. 인간의 영적 존엄성과 자연성을 회복했다는 점이 동학의 뚜렷한 특징이며 이는 민주주의와는

5) 오문환, 『해월 최시형의 정치사상』, 모시는사람들, 2003. 19쪽.

6) 동학의 인간관에 대한 보다 자세한 논의는 오문환, 2003, 『동학의 정치철학』, 모시는사람들, 47-70쪽 참조. 동학의 인간관에 대한 이러한 설명은 주문분석에 의거하였다. 동학에서 본주문은 13자로 구성되어 있으며 시천주조화정영세불망만사지侍天主造化定永世不忘萬事知가 그것이다. 시천주조화정은 본체의 진리를, 영세불망만사지는 인간의 도리를 뜻한다고 한다. 현대철학적 개념으로 하자면 전자는 본체론이고 후자는 도덕실천론이 된다. 시천주조화정에서 동학의 인간과 신과의 관계를 시천주조화정으로 보아 시천주는 인간의 영성을 조화정은 인간의 자연성으로 해독하였다. 즉, 인간은 천주를 모시고 있으며 동시에 창조와 변화의 우주기운에 소통하는(定) 존재인 것이다.

7) 최민자, 2005, 『동학사상과 신문명』, 모시는사람들, 55-75쪽. 오문환, 2003, 제2장 참조.

어떤 관계를 가질까?

신과 자연으로부터 독립한 인간중심주의가 서구 민주주의의 토대라고 한다면 신성과 자연성을 인간 안에서 찾아낸 네오휴머니즘은 동학의 정치철학적 토대라 할 수 있겠다. 그러므로 동학이 서구의 민주주의와 다른 길을 걸을 것이라는 사실을 자명하다. 서구의 민주주의는 정치적 권위를 신성이나 자연성으로부터 독립시킴으로써 가능하였다. 정치적 권위란 양도불가한 인권을 가진 사람들의 계약 · 거래 · 합의 · 조정 · 경쟁 · 갈등 절차적 과정을 통하여 형성된다는 것이다. 민주주의란 다양한 개인들 간에 충돌하는 자유와 권익들을 조정하는 절차과정인 것이다.

이러한 민주주의적 과정을 동학에서는 찾을 수 없다. 왜냐하면 동학은 사람이 천주를 모시고 있으며(侍天主) 우주자연을 창조하고 변화시키는 기운에 소통하고 있다고(造化定)[8] 보기 때문에 계약하고, 합의하고, 갈등하는 개인들이 부재하다. 즉, 동학에서는 자유권 · 경제권 · 평등권을 가진 개인들이 존재하지 않기 때문에 충돌하는 자유와 권익을 조정하는 장치에 대한 고려도 없는 것이다. 사람은 보편적인 영성과 우주적 공동체성을 가진 존재이기 때문에 본래 하나로 통하고 본래 관계적인 존재이다. 그러므로 민주적인 절차보다는 보편적 영성과 우주적 공동체성에 통하는 덕성이 중요하게 된다. 따라서 덕성함양이 동학의 주된 관심사가 된다. 동학에서 중요한 것은 민주적 절차에 따라서 합의를 이루는 외면적 과정이 아니라 덕성훈련에 의하여 개체성의 내면으로 침잠하여 그 안에 모셔져 있는 천주와 우주적 한 기운을 회복하는 내면적 과정인 것이다.

근대 민주주의 일체의 권위로부터 해방되어 절대적 권리를 가진 인간의

8) 수운, 「논학문」.

발견에서부터 시작되었다면 동학에서는 이러한 개인들의 권리에 기초한 민주주의를 찾기는 어렵다. 동학은 여전히 덕성과 의무를 강조하며 모든 사람은 본래 하나인 영성을 모시고 있으며 우주적 공동체적 존재로 이해되고 있다. 물론 동학이 말하는 의무와 덕은 어떤 외면적 신이나 자연법과 같은 외부적 압력에 의하여 강제되는 것이 아니라 자기 자신의 자각적 체험에서 자발적으로 나온다는 점에서 서구적 맥락의 신이나 자연법과의 강제에서 오는 의무 관념과는 다르다.[9] 동학의 덕성이나 의무는 외부로부터 강제된 의무가 아닌 내면에서부터 타자를 하늘로 느끼고 타자를 동포로 실감하기 때문에 우러나오는 자발성의 도덕·윤리인 것이다.[10]

동학에서 정치는 이러한 자발적 도덕이나 내생적 윤리의 연장선상에서 이해될 수 있다. 그러므로 동학에서 정치는 여전히 윤리·도덕을 떠날 수 없는 것이다. 절차적·형식적 민주주의의 기준으로 보자면 동학의 정치관은 여전히 전근대적이다. 반면 배려적·성찰적 민주주의로 보자면 동학의 정치관은 이른바 절차적 민주주의 이후의 민주주의 공고화나 생활화를 실현함에 있어 매우 중요한 의미를 가진다. 도덕적 배려와 윤리적 보살핌의 정치는 정치의 기본바탕으로 이해되었다. 동양학 일반에서 나타나는 것처럼 법과 형벌은 언제나 2차적이라 하겠다. 반면 민주주의 절차는 정의와 공정성을 제1의적으로 본다.

자유민주주의에서는 충돌하고 대립하는 권리들을 조정하기 위한 법적 절차와 정치적 절차가 매우 발달하게 된다. 그러므로 절차의 공정성과

9) 동학의 자율적 도덕윤리에 대한 보다 자세한 논의는 팽필원, 1996, 「동학윤리사상의 연구」, 동국대학교, 박사논문. 참조.

10) 동학의 자발적·자율적 도덕에 대한 칸트철학과의 비교분석은 오문환, 2004, 「동학과 칸트의 도덕론 비교」, 『동학학보』 제8호. 참조.

정의가 정치철학의 제1의 화두였다. 왜냐하면 개별적 권리들은 반드시 합의된 정치적 절차에 따라서 공정하고 정의롭게 조정되어야만 하기 때문이다. 정의의 원칙을 엄밀하게 산출하여 정확하게 적용하는 것이 정치의 제1덕목인 것이다. 그러나 동학에서는 충돌하고 대립하는 권리들은 일종의 허상으로 보았기 때문에 본래적 실상을 회복하면 대립과 갈등이 해결될 것으로 보았다. 동학에서 근본 실상은 모든 존재자들은 하나의 천주를 모시고 있으며 하나의 혼원일기渾元一氣 또는 지기至氣에 통하고 있다는 사실이다. 동학은 이러한 실상을 회복하는 것이 중요하다고 보았기 때문에 모순·대립·갈등하는 입장과 이익들의 합의·조정·통제하는 장치들에 대하여 심각하게 고려할 필요성을 느끼지 못했다. 실상을 회복하기 위해서는 자기 안의 영성을 계발하고 우주적 공동체성을 자각하는 수행이 요청되었다.

동학은 비록 자행자지自行自止하고 각자위심各自爲心하는[11] 방임형적 개인주의라는 시대적 상황을 인식하고는 있었지만 이러한 상황을 극복하기 위해서는 내면적 수행을 통한 실상의 자각과 집단적 개벽을 통한 사회적 각성을 강조하였다. 개벽은 흔히 사회적 혁신으로 이해되고 있으나 무엇보다도 먼저 인심人心개벽의 의미를 가진다. 그럼에도 불구하고 개벽은 사회적·공동체적·집단적 차원에서의 실상의 회복이라는 의미를 가지기 때문에 혁명과 긴밀한 관계를 가진다. 동학은 각자위심各自爲心하는 다양한 개인들의 성향들을 조정하고 합의하고 타협하는 민주주

11) 수운, 「교훈가」, "부모父母의 가르침을 아니듣고 낭유浪遊하면 금수禽獸에 가직하고 자행자지自行自止 아닐런가"; 「포덕문」, "또 이 근래에 오면서 온 세상사람이 각자위심하여 천리를 순종치 아니하고 천명을 돌아보지 아니하므로 마음이 항상 두려워 어찌할 바를 알지 못하였더라."

의적 방식보다는 오히려 각자위심을 집단적으로 극복하여 우주적 공동체성을 각성하는 일종의 의식혁명 또는 공동체적 혁신을 강조하였다. 동학이 혁명으로 발전하는 근거도 여기에서 찾을 수 있다.

갈등과 모순을 해결방식에서 동학은 다분히 동양적 덕치德治에서 벗어나지 못하고 있다. 동학은 개인성을 인정하지 않았기 때문에 개인들 간의 토론·경쟁·합의라는 민주주의적 절차에 따라서 갈등과 모순이 해결하기 보다는 오히려 개체성의 연기緣起에 대한 자각이나 본원적 통일성의 깨달음에서 갈등과 모순이 해소될 것으로 보고 있는 것이다. 다수결의 결정이나 대표권을 강조하는 형식적·절차적 민주주의보다는 타자에 대한 배려와 이해를 중시하는 성찰적(deliberative) 민주주의에[12] 보다 가깝다. 여기에서 '성찰적'이라는 것은 합리적 이성에 의한 토론과 합의라는 서구적 의미보다는 본래적 영성과 공동체성의 자각에 의한 이해라는 동학적 의미가 강조되어야 할 것이다.

예를 들어서 설명해 보자면 지금·여기의 '나'라는 존재자는 부모의 덕에 의하여 태어나서, 자연과 사람의 협동에 의하여 생산된 밥의 덕에 살고 있으며, 스승과 정치의 덕에 의하여 배우고 안전하게 삶을 영위하고 있다는 것이다. 이렇게 덕을 알게 되면 부모에게는 효로서, 자연에게는 공경으로, 스승과 정치에 대해서는 충성으로 보답할 마음이 생겨나게 된다는 것이다. 하늘과 자연 그리고 사람의 덕을 갚을 마음이 정치사회적으로 확장되는 것을 덕치로 보는 것이다. 덕을 헤아리는 마음이 온 나라의 민에게 미치게 되면 정치가 생겨나고, 우주전체에 확장될 경우에는 천지부모天

12) James Bohman and William Regh, eds., 1997, *Deliberative Democracy,* Cambridge : MIT Press. 참조.

地父母의 마음의 생겨난다고 하겠다. 여기에서 덕치德治 개념이 나오게 된다. 그러므로 덕치란 권리주장이 아닌 자각적·자발적·자생적 의무실행이라 할 수 있겠다. 자각적 이해의 확장을 정치로 이해하고 있는 것이다. 그러므로 도덕적 민주주의는 우주적 공동체성을 자각한 인격체의 자발적인 도덕실천을 통해서만 가능하다. 도덕적 인격이 없는 도덕정치는 생각할 수 없다는 점에서 동학은 이른바 인치仁治적 전통에 서 있다.

성찰적 민주주의론은 다수결의 결정과정에 합리적 의사소통과 소수자에 대한 배려 등을 감안하였다는 점에서[13] 유연하지만 도덕적 내용을 담보하는 것은 아니다. 여전히 합리주의적 전통에 서 있는 것이다. 반면 도덕적 민주주의는 성찰적 의사결정을 하는 주체들이 도덕적이어야 하며 공공적이어야 함을 강조한다. 도덕적 민주주의의 관심은 정치주체의 덕성에 관심을 가지고 있는 것이지 갈등하는 개인들간의 합리적 조정이나 합의과정에 관심을 가지는 것이 아니다.

3. 공공성(publicity): 접포제接包制

정치를 권리를 관철시키는 과정으로 보든 아니면 덕성을 베푸는 기제로 보든지 정치주체의 공공화는 정치화에서 반드시 나타나는 현상이다. 프랑스의 경우 민이 정치적으로 등장한 것은 삼부회[14]를 통해서였다. 의

13) Nino, C. S., 1996, *The Constitution of Deliberative Democracy*. New Haven: Yale University Press. 니노가 주장하듯이 Deliberative democracy는 정치과정의 참여자들로 하여금 도덕적 정당성을 배려하도록 함으로써 정치의 근본을 생각토록 하는 데 유효한 면이 있다.

회를 통하여 민이 정치에 참여하기 위해서는 조직적 기반이 요청된다. 그러므로 자유로운 결사단체들의 등장과 정당 형성을 통한 정치참여는 민주주의 정치과정에서 중요한 위치를 차지한다. 다양한 경쟁적 정당은 민주주의의 핵심요소로 생각되었으며 산업화 이후에는 근로자들의 경영 참여와 정치참여까지 권고되곤 하였다.[15] 자율적 · 민주적 · 공공적 조직을 통한 정치참여는 하버마스에 의하여 매우 중요하게 평가된다. 그는 유럽에서 민주주의가 등장하던 17-18세기에 자유주의적 · 부르주아적 · 민주적 · 공공영역이 대거 등장한 유럽적 현상에 주목하였다.[16] 공공성에 관심을 갖는 결사체의 정치화는 민주주의의 필요조건이라 할 수 있다.[17]

동학의 민주주의를 논하기 위해서는 동학이 등장한 1860년 이후 형성된 자율적 · 민주적 · 공공적 · 참여적 조직이 등장하였는지의 문제를 살펴보면 될 것이다. 조선정부가 형성한 관료적 기구이외에 또 다른 공적 조직체들의 유무를 고찰하면 되는 것이다. 동학은 19세기말에 새로운 접포제接包制라는 공적 조직체들을 등장시켰다. 동학이라는 새로운 종교

---

14) 정식 명칭은 전국삼부회이다. 1301년 필립4세가 소수 특권층인 사제 · 귀족 · 도시의 대표를 모아놓고 노트르담 성당에서 개최한 것이 기원이다. 그 뒤 제1부 사제, 제2부 귀족, 제3부 평민의 대표들로 구성된 국민의회로 정형화하였다. 영국 의회와 성격이 다른 점은 국왕의 의지를 제약하는 대의회(代議會)가 아니고, 왕권의 주도로 국민대표에 협력을 요청하는 자문기관이라는 점이다.

15) R. Dahl, 1970, *After the Revolution?* (New Haven: Yale University Press).

16) Jürgen Habermas, trans. by Thomas Burger, *The Structural Transformation of the Public Sphere - An Inquiry into a Category of Bourgeois Society*-- (Cambridge, Mass., The MIT Press, 1989).

17) Axel Honneth, Thomas McCarthy, Calus Offe, and Albrecht Wellmer translated by Barbara Fultner, 1992, *Cultural-Political Intervention in the unfinished Project of Enlightenment*, Cambridge, Massachusetts, and London. p. 130.

또는 사상을 생활양식으로 받아들이기 시작한 민의 자율적 · 민주적 · 공공적 · 참여적 조직이 등장하게 된 것이다. 국國과 가家만 존재하던 조선사회에 동학의 접포제의 등장은 새로운 현상이었다. 민이 자율적으로 공적인 사회영역을 형성하기 시작하였으며 이 조직체를 통하여 공적인 문제에 대하여 발언을 시작하였으며 정치과정에 참여하기 시작하였다. 이러한 현상은 민주주의에서 매우 중요한 지표이다.

일반적으로 동양의 경우 국國과 가家로 양분화되어 사회영역이 부재하다는 견해가 지배적이다.[18] 조선에서 국가는 가家의 집합으로 이해되었다. 물론 국에 가와는 다른 특별한 위상을 부여하기도 하였다. 사회는 매우 생소한 것이었다. 특히 사회를 부르주아 계급의 등장과 함께 나타난 현상으로 볼 경우 조선에서 사회는 없다고 할 수 있다. 산업화가 나타나지 않은 상황에서 사회가 등장할 수는 없기 때문이다. 그러나 사회를 경제적 맥락에서 보지 않고 공공성의 맥락에서 보자면 조선시대에 국가나 가정의 매개적 중간적 역할을 한 공공영역을 찾을 수 있다. 사대부 계급이 사회역할을 하였다.

사림으로 불리는 사대부 계층은 분명 국과 가를 연결시키는 중간적 사회영역의 역할을 수행하였다. 사대부가는 지방에서 민을 통제하는 일종의 사회역할을 하였다. 사대부가는 지역토지경제의 중심적 역할을 하고 있었으며, 관습과 예의의 중심지였으며, 유가 정치이념의 실질적 구현자였다. 사대부가가 중심이 되어 향약鄕約을 형성하였으며, 향교鄕校도

18) 조선시대 국國을 강조할 경우에는 왕권이 강조되고, 가家를 강조할 경우에는 인륜이 강화되는 경향이 있다. 조선시대의 가와 국의 관계에 대해서는 이한수, 2005, 「세종시대 '가'와 '국가'에 관한 논쟁」, 한국학중앙연구원 박사학위논문, 11-64. 참조.

유가 통치이념의 윤리적 교육을 담당하였고, 경제적 상호부조를 위한 계契도 이루어졌다. 사대부가들은 면세를 받는 서원書院을 통하여 지역적 연대망이 형성하였으며 조선후기에 이르면 붕당朋黨까지 형성하여 중앙정치과 긴밀한 관계 속에서 움직이게 된다. 물론 17-8세기에 이르게 되면 민의 자발적 계契등이 활성화되기도 하지만 유가적 정치체제의 한계를 벗어나지는 못했다.[19] 동학의 접포제接包制는 이와 같은 조선의 사회영역이라고 할 수 있는 사대부 영역을 대체했다는 데 민주주의적 의미가 있다.

동학은 사회영역으로 작동하던 사대부가를 대신하는 접接이라고 하는 동학적 이념을 공유하는 수행적 · 자발적 · 공공적 조직체를 형성하기 시작한 것이다. 1860년 동학을 창도하고 배우려는 사람들의 숫자가 늘어가자 수운은 1862년 접주를 임명하였고 1863년부터 접주제는 본격화하였다.

접은 동학이라는 새로운 학문을 습득하는 모임으로 출발하였다. 1871년 영해 이필재 사건이후 관군에 의한 대대적인 동학탄압으로 말미암아 동학의 접은 거의 완전히 해체된 지경에 이르렀으나 해월 최시형에 의하여 1879년에 의하여 다시 개접되어, 1880년대에는 경기도와 충청도로 확산되고, 1890년대에 이르면 전라도 지역으로 남하했고, 황해도와 평안도 지역까지 파급되었다.[20] 동학농민혁명기에 이르면 접포제는 이미 전국화되었다.

---

19) 향약에 대한 보다 자세한 논의는 김무진, 1983, 「율곡향약의 사회적 성격」『학림』 5, 연세대사학연구회.; 박경하, 1996, 「朝鮮時代 忠淸地方의 鄕約 · 洞契의 性格」, 향촌사회사연구회, 『한국의 향약 · 동계』; 이성무, 1995 "조선양반사회연구", 일조각.

20) 오문환(2003), 4장 · 제5장 참조.

동학의 접포제가 어떻게 운영되었는지를 잘 보여주는 사례 가운데 하나가 호남지역 책임자 선정을 둘러싸고 벌어진 갈등이다. 해월은 지역적 연고도 없을 뿐만 아니라 천민출신이었던 남계천을 호남좌도편의장으로 지명하게 된다. 이 지역의 실세였던 김낙삼이 호남 16개 포의 대접주들을 대동하고 해월에게 와서 남계천의 지명안을 철회할 것을 강력히 항의하였다. 이 때 해월은 동학은 '갱정포태지운更定胞胎之運이므로 문벌門閥의 고하高下와 귀천貴賤의 등분等分은 아무런 문제가 없으며 오직 자격과 도덕이 중요할 뿐'[21]이라고 하였다. 동학의 중요 책임자를 선정하는데 있어서 신분이나 지역적 연고보다는 덕성과 능력이 중시되었음을 알 수 있다. 즉, 신분제를 타파했을 뿐만 아니라 지역적 연고도 따지지 않았다. 이러한 조직운영은 새로운 도덕관과도 일치한다. 해월은 도덕공부에 있어서 중요한 것은 부귀富貴·권력權力·유식有識이 기준이 아니라[22] 정성이라고 하였다. 그러므로 정성만 있으면 누구나 수도하여 공적인 역할을 할 수 있다고 본 것이다.

동학의 새로운 사상을 받아들인 민은 접포제를 통하여 조직화되었다. 이와 같이 조직화된 민은 고부에서 일어난 전봉준의 조세항거를 계기로 혁명적인 정치세력으로 변화하게 되었다. 접포제가 사회화·혁명화·정치화·전쟁화하면서 접은 더 이상 종교조직이 아닌 정치조직·군사조직으로 역할하게 된다. 또한 여러 개의 접들을 통솔하는 상위기관인 포包가

21) 天道教史編纂委員會, 1981, 『天道教百年略史 上卷』, 天道教中央總部教史編纂委員會, 159-160쪽.

22) 해월, 「篤工」, "부귀한 자만 도를 닦겠는가, 권력있는 자만 도를 닦겠는가, 유식한 자만 도를 닦겠는가, 비록 아무리 빈천한 사람이라도 정성만 있으면 도를 닦을 수 있느니라."

설치되어 대접주大接主 또는 포주包主로 불리는 중간지도자들이 실제로 동학의 정치사회운동을 이끌어가게 된다. 동학농민혁명기에 기포起包한다는 것은 항쟁에 돌입한다는 뜻으로 사용되었다.

접포제를 조직적 기반으로 하여 전개된 동학농민혁명은 일본군과 정부군의 연합에 의하여 실패한 이후 조선인의 자발적 · 자생적 · 민주적인 공공성은 급격히 붕괴되었다. 이후 한국의 근대화는 외세의존적 · 국가주의적 근대화의 길로 나아가게 된다. 사회주도형적 근대화가 실패하고 국가주도형 근대화가 지배적이 되고, 민족자주적 근대화가 실패함에 따라서 외세의존형의 근대화가 대세를 이루게 된다.

동학의 종교조직이었던 접포제가 왜 그리고 어떻게 급격하게 정치적 공공성으로 발전하였는가라는 의문이 제기된다. 이 문제는 동학의 정치철학적 성격을 분석하면 그 해답을 찾을 수 있다. 동학은 종교와 정치를 이원화하지 않았다. 수운은 「포덕문」에서 '보국안민輔國安民'에 대하여 깊은 관심을 보였을 뿐만 아니라 이후 보국안민은 동학의 핵심적 구호가 되었다. 동학은 세상과 괴리된 종교나 현실과 유리된 철학을 주장하지 않는다. 천도는 '현세와 함께 돌아간다는與世同歸'[23]는 개념에서도 이를 분명히 알 수 있다. 도덕과 정치권력은 변증법적 관계에 있다고 할 수 있다.[24] 따라서 접포제가 단순히 서구적 맥락의 종교조직의 역할만 했던 것은 아니었다. 접포제는 새로운 정치사회를 구현해내는 변혁적 주체들을 조직화하여 세력화하는 정치사회적 공적 조직이기도 하였다. 보은집회, 동학농민혁명, 3.1독립운동에서 동학의 접포제는 정치사회운동을 이

23) 수운, 「논학문」

24) 오문환, 2003b, 『동학의 정치철학』, 모시는사람들, 제11장 영성과 혁명의 변증법.

끌어나가는 조직체계로서 역할했다.[25)]

조선의 유가정치는 민본民本과 위민爲民의 정치로 이해된다. 이를 적극적으로 해석하여 민주 정치로의 발전가능성을 주장하기도 하지만 무리한 이해이다. 왜냐하면 민본과 위민에서 민은 어디까지나 정치의 대상 또는 객체로 이해될 뿐이지 정치의 주체는 아니기 때문이다. 정치의 주체로서의 민에 대한 인식은 동학에 이르러 나타나게 된다. 사상으로서 뿐만 아니라 민이 스스로를 조직화하여 하나의 정치세력으로 등장한 것은 동학에 이르러 가능해졌다. 그러므로 동학에 이르러 위민爲民정치가 끝나고 민이 사상적으로 자각하여 스스로 조직화하여 정치주체로 나서는 민주民主정치가 태동하였다고 할 수 있다. 따라서 접포제에서 아테네의 폴리스의 시민 민주주의의 원형과는 또 다른 한국 민주주의의 원형을 볼 수 있다.

동학은 접포제라는 조직과 통문이라는 공시公示구조를 통하여 당대의 집회와 공론을 주도하여 나갔다.[26)] 동학의 대사회적 공론결집과 운동방향은 일차적으로 1893년 보은집회에서 잘 나타난 바대로 '척왜양斥倭洋'이라고 하는 민족자주였다. 또 다른 운동방향은 지방관료의 탐학과 부패 그리고 조세부정에 대한 민의 혁명운동이었다. 전자가 민족주의 운동이

25) 보은집회시 양호선무사로 파견되었던 어윤중의 장계에 따르면 집회가 접주들의 통솔 하에서 이루어졌음을 알 수 있다. 「聚語」, 宣撫使再次狀啓, 東學農民戰爭史料叢書編纂委員, 1996, 『東學農民戰爭史料叢書』2, 史芸研究所. 72-75쪽. 이하에서는 원출처, 『東史』 권호, 쪽수로 표기한다. 3·1독립운동의 경우 동학을 천도교로 바꾼 의암 손병희의 주도로 일어났으며 전국화할 수 있었던 데에는 동학의 연원제(접포제)가 결정적인 역할을 하였다. 보다 자세한 논의는 김정인, 2002, 「일제강점기 천도교단의 민족운동 연구」, 서울대학교 대학원, 67-76쪽.

26) 박영학, 1990, 『동학운동의 공시구조』, 나남. 참조.

라면 후자는 민 운동의 흐름을 이루었다. 민의 혁명운동은 1894년 전봉준의 고부봉기로부터 촉발되었다. 여기에서 우리는 근대적 민족주의에서 보이는 국민, 시민, 인민이 국가의 주인으로 등장하려는 민의 민족주의 운동 양상을 볼 수 있다.[27)]

동학의 접포제는 민을 조직화하여 정치 세력화하는 구심적 기제로 작동하였다는 점에서 민주주의적 공공영역의 성격을 갖는다. 보은집회에 선무사로 파견되었던 어윤중도 보은집회를 일종의 민회民會로 보았다.[28)] 청일전쟁 시기에 충청감사는 동학도의 자치기구인 '민회소民會所'에 여러 차례 자중을 부탁하는 글을 보내기도 하였다.[29)] 조선정부가 접포제와 집강소를 일종의 민회로 인식하였다는 사실은 우리나라 민주주의가 동학에 의하여 시작되고 있음을 간접적으로 시사한다.

그렇지만 접포제는 기본적으로 도덕수행의 민의 공동체적 성격이 강하였으며 서구적인 부르주아적인 관심사나 자유주의적인 성향과는[30)] 일정한 거리가 있다. 즉, 동학의 접포제는 '탄생 운수를 다시 정한다(更定胞胎之運)'는 표현이나 '천황씨의 운'에서도 알 수 있듯이 동양전통적인 도덕문명을 지향하고 있는 민의 공공영역적 성격이 강함을 알 수 있다. 이 점은 서구 민주주의와는 다른 점이다. 자유주의적 시민결사, 하버마스적 공공영역, 미국 민주주의에서의 이익집단과는 또 다른 형태의 수행적·

---

27) 金榮作, 1989, 『韓末내셔널리즘 硏究』, 청계출판사. 참조.

28) 「聚語」, 宣撫使再次狀啓, 『東史』2, 68쪽.

29) 「錦藩集略」, 『東史』4, 50-52쪽. 1894년 청일전쟁발발기에 충청감사였던 이헌영은 이인민회소(利仁民會所)에 3차례 별감(別甘)을 보냈으며, 사대부들의 유회(儒會)에도 별감을 보냈다.

30) Jean L. Cohen and Andrew Arato, *Civil Society and Political Theory,* (Cambridge, Mass., London: The MIT Press, 1992), pp. 211-212.

생활공동체적 민의 공적 영역이 형성되어 민의 정치적 대표권을 주장하기 시작했다. 서구의 공공성과 달리 접포제는 영성과 도덕성이 조직운영의 핵심가치로서 작동하였던 공적 조직이었다. 공공성의 맥락에서 볼 때도 동학의 민주주의는 도덕적 근본에 기초한 민주주의의 성격이 강하게 나타나고 있다.

4. 국민주권: 전쟁과 혁명

국민주권은 근대 민주주의 정치체제의 뚜렷한 특징이다. 국민개병제에 의하여 민이 국가 안보의 담당자로 나서고, 주권형성에 민이 참여하는 제도적 장치가 마련됨으로써 근대적 민주주의 체제가 등장하게 되었다. 동학농민전쟁을 통하여 민이 자발적으로 국가안보에 나서게 되고, 동학농민혁명을 통하여 국민주권을 요구한다는 점에서 동학은 근대적 민주주의의 성격을 보여주었다. 동학에 대한 민족주의적 연구들은 이 점을 강조하였다.

19세기말 조선의 최대과제는 민족국가를 형성하여 침략해오던 제국주의에 대항하여 국가를 보존하는 일이었다. 부국강병富國强兵이 구체적 노선으로 활발하게 제시되었었다. 이러한 근대적 국민국가 형성의 필요성은 당대의 공감대를 형성했다. 그러나 부국강병을 위해서는 국민이 부유해지고, 국민이 국가 안보의 주역이 되고, 국민이 국가정치의 주인이 되어야 한다는 국민주권의 개념은 분명하게 자각된 것 같지는 않다.

그 하나의 사례로 갑신정변을 일으킨 김옥균 등을 들 수 있다. 이들 개화파가 주장하는 '자주'는 청을 한반도에서 제거하려는 강화도조약에서 명시된 일본의 '조선은 자주지방自主之邦'이라는 '자주'와 크게 다르지 않았다. 다시 말하자면 개화파는 청을 축출함으로써 독립적인 부국강병의 국가건설이 가능하다고 생각했지만 이러한 발상은 조선에 대한 청의 간섭을 배제하려는 일본의 전략과 맞물려 있음을 간과해서는 안 될 것이다. 조선에서 유리한 지위를 점하고 있었던 청의 세력을 약화시키고 장차 조선에서의 패권을 장악하려는 일본의 치밀한 전략적 계산상의 '자주'를 개화파들은 간파하지 못했던 것 같다. 최익현 등의 위정척사파들이 이들 개화파를 일본에 국가를 팔아 넘기는 국적國賊으로 매도한 것도 완전히 근거가 없는 주장도 아니다. 또한 이들 개화파는 국민주권이 아닌 소수 엘리트에 의한 쿠데타로 근대적 부국강병한 국민국가를 형성할 수 있다고 보았다. 갑신정변은 3일천하로 마감되었지만 국민의 군대를 통한 안보확보와 민의 형성을 통한 국민주권 형성이라는 근대화 과제는 그 당시 어떤 정치세력도 효과적으로 달성하지 못하였다.

서구의 경우 나폴레옹 전쟁이후 비인체제는 유럽의 국경선을 전쟁이전으로 되돌리려 하였지만 민족주의와 자유주의의 거센 물결은 막을 수 없었다. 즉, 국민국가의 등장을 막을 수 없었다. 민족주의적이거나 자유주의적이거나 국민이 국가의 주인으로 등장하는 흐름을 막을 수 없었던 것이다. 국민주권의 세계사적 흐름에 부합하는 운동을 동학농민혁명에서 보게 된다. 동학농민혁명은 개화파의 노선과는 확연히 대비된다. 동학농민군은 국가수호를 전면에 내걸고 전쟁과 혁명에 나서게 된다.[31] 국민

31) 농민혁명과 농민전쟁을 동학과 별개로 보는 입장도 있다. '농민혁명'과 '농민전쟁'을 주장하는 입장들은 북한 사회과학원의 공식입장이라고 할 수 있는 동학외

주권의 노선이라 할 수 있다.

보은집회에서 표출된 '척왜양斥倭洋'의 구호에서 민족자주의 국가수호 의지를 볼 수 있다. 동학도는 초야草野의 토민土民이라도 나라가 거꾸로 매달린 형국에서는 충의를 내걸고 나설 수밖에 없음을 토로하고 있다.[32] 1894년 일본의 경복궁 침입이후 9월에 시작된 제2차 동학농민혁명에서도 국가수호를 위한 전쟁을 동학농민군이 주도하게 된다. 그러나 동학농민군이 국민국가의 군대가 되지 못하였다는 점이 동학의 한계이자 조선의 비극이라 하겠다. 정부와 민의 괴리에서 온 현상이었다. 개화파뿐만 아니라 조선정부도 제국주의에 대한 인식을 결여하고 있었으며 동학농민군을 반란군으로 인식할 뿐이었다.[33] 집권세력은 아직까지 국민주권에서 부국강병이 나온다는 사실을 인식하지 못하고 있는 것이다. 결국 동학농민전쟁이후 조선은 국민의 군대를 형성하지 못하였기 때문에 국가주권을 지키지 못하였다.

근대 민주주의에서 나타나는 민의 조세부담에 상응하는 국민주권의

피설의 무리한 확장에서 나왔다. 외피설은 동학과의 연계성은 인정하지만 동학은 농민혁명의 종교적 외피에 불과하다는 주장이다. '농민혁명'과 '농민전쟁'을 주장하는 입장은 아예 동학과의 관계 자체를 단절시킨다. 이 문제에 대한 보다 구체적인 논의는 장영민, 2004, 『동학의 정치사회운동』, 경인문화사, 311-321 참조. 필자는 전쟁과 혁명의 지도체제가 동학의 접주 또는 대접주들로 이루어졌으며, 인원동원도 동학의 접포제라는 조직을 통하여 이루어졌으며, 무엇보다도 동학의 사상을 통하여 세계와 정국을 인식하는 사람들이 참여하였다는 사실을 중시하여 동학농민혁명, 동학농민전쟁으로 본다.

32) 「聚語」, 東學人令, 『東史』2, 41쪽.

33) 『讀賣新聞』, 1894.7.9. 1894년 박영효는 동학농민군을 반란군으로 인식하였다. 김현철, 「개화파와 내셔널리즘」, 『한국 내셔널리즘과 21세기의 선택』, 한국정치외교사학회·아셈연구원·국민대학교사회과학연구소 주최, 국민대학교. 16쪽 재인용.

요구를 동학혁명운동에서도 볼 수 있다. 고부봉기는 단순한 조세저항을 넘어서고 있다. 동학농민혁명은 조세문제를 계기로 하여 억압적이고 착취적인 지방관료에 대항하여 시작되었으며 이후 정부의 부적절한 대응을 계기로 중앙권력체제의 변혁까지 시도하는 혁명운동으로 발전해나갔다.

전봉준은 동학접주를 지도체제로 개편하여 백산에 호남창의대장소를 설치하고 전국의 민에게 궐기를 호소하고 무장에서 반봉건 혁명운동의 포고문을 배포하고 규율을 제정하여 혁명운동의 체제를 갖추게 된다.[34)]전주성을 점령하고 체결된 전주화약이후 제시된 폐정개혁안에는 조세제도 개혁과 토지균작, 관료제의 개혁, 제반 억압적 봉건적 사회제도의 개혁, 나아가 일본의 시장침투 등에 대한 전반적 개혁안을 제시되고 있다.[35)] 명성왕후에 의한 척족정치도 비판되고 있다. 서구의 경우 국민주권은 민의 혁명에 의해서든지 또는 군주의 양보와 타협에 의하여 이루어졌지만 동학의 경우는 외세의 간섭이 결정적이었다는 점에서 서구의 경험

34) 황선희, 2004, 「동학농민전쟁의 발상지와 무장봉기」, 『동학학보』 제8호, 71-80쪽.

35) 오지영, 1939, 『동학사』, 만학사. 126-7쪽. ① 동학교도와 정부와의 숙원을 없애고 공동으로 서정庶政에 협력할 것, ② 탐관오리의 죄상을 자세히 조사 처리할 것, ③ 횡포한 부호를 엄중히 처벌할 것, ④ 불량한 유림과 양반을 징벌할 것, ⑤ 노비문서를 불태울 것, ⑥ 칠반천인七班賤人의 대우를 개선하고 백정의 머리에 쓰게 한 평양립平壤笠을 폐지할 것, ⑦ 청상과부의 재혼을 허가할 것, ⑧ 무명의 잡부금을 일절 폐지할 것, ⑨ 관리 채용에 있어 지벌地閥을 타파하고 인재를 등용할 것, ⑩ 일본과 상통하는 자를 엄벌할 것, ⑪ 공사채公私債를 막론하고 기왕의 것은 모두 면제할 것, ⑫ 토지는 균등하게 분작分作하게 할 것 등이다. 1894년 전라도 지역 동학도가 순변사 이원회李元會에게 올린 폐정개혁에는 1894년 5월조에 제1차로 14개항, 제2차로 24개항이 제시되고 있다. 민의 일상생활과 관련된 상세한 개혁안들이 기술되고 있다. 자세한 사항은 金允植, 「沔陽行遣日記」, 『東史』 4, 330-332쪽 참조.

과 달랐다.

전주성 함락 이후 전라도 지역에 설치된 집강소는 접포제를 기반으로 형성되었으며 지역에서의 행정·사법·치안 등의 제반 업무를 자치적으로 처리하는 기구로 작동하였다.36) 비록 짧은 기간이었지만 집강소의 구성과 운영은 한국 지방자치의 시원이라고 할 수 있다. 1894년 개화정권에 의한 조세제도를 포함한 관료제의 근대적 갑오개혁은37) 이러한 동

---

36) 오지영의 『동학사』에 의하면 "東學軍은 全羅道 五十三州에 執綱所를 設立하여 民間庶政을 處理케 되었다. 每邑에 執綱一人을 두고 議事員 若干人을 두었으며 大小官吏들은 그를 幇助하여 弊政改革에 着手케 되었으며 同弊政改革은 左의 十二條로써 되었다.(吳知泳, 1940, 『東學史』, 永昌書館, 126-127쪽). 집강소를 지방자치체로 보는 적극적 시각을 비판하면서 "폐정개혁 요구가 기존의 행정 체계를 통하여 도정에 반영될 수 있도록 하려는 조직이었다"(노용필, 2000, 『동학사와 집강소 연구』, 국학자료원. 190쪽)라는 소극적 평가도 있다. 그러나 이러한 소극적·협의적 평가도 집강소는 폐정개혁을 관철시키기 위하여 민이 자발적으로 형성한 자치체임을 인정하고 있다. 보다 자세한 논의는 노용필(2000) 참조.

37) 이 개혁은 노인정회담老人亭會談에서 일본공사 오토리 게이스케[大鳥圭介]의 5개조 개혁안의 제출로 시작되었는데, 조선 정부는 교정청校正廳에 의한 독자적인 개혁을 하고 있다는 이유로 일단 거절하였다. 그러나 1894년 7월부터 대원군의 섭정이 다시 시작되어 제1차 김홍집내각이 성립되었으며, 김홍집·김윤식金允植·김가진金嘉鎭 등 17명의 회의원으로 구성된 군국기무처軍國機務處라는 임시 합의기관이 설치되었다. 이 기관은 중앙과 지방의 제도·행정·사법·교육·사회 등 제반문제에 걸친 사항을 3개월 동안 208건을 심의 의결하는 개혁의 주체세력이 되었으며, 정치제도의 개혁을 단행, 개국기원開國紀元을 사용하여 청과의 대등한 관계를 나타냈고, 1차개혁 때에는 중앙관제를 의정부와 궁내부宮內府로 구별하고 종래의 6조六曹를 8아문八衙門으로 개편, 이를 의정부 직속으로 하였다. 2차개혁 때는 의정부를 내각이라 고치고 7부를 두었다. 인사제도는 문무관文武官을 개편하고 월봉제도月俸制度를 수립하였으며, 과거제도를 없애고 새로운 관리임용법을 채택하여 종래의 문무·반상班常의 구별을 폐지하였다. 지방제도의 개혁은 8도道를 23부府로 고쳤다가 다시 13도로 고쳤다. 지방관으로부터 사법권과 군사권을 박탈함으로써 횡포와 부패를 막아 지방행정체제를 중앙에 예속시키는 근대 관료체제를 이룩하였다. 경제적으로는 재정에 관한 일체의 사무를 탁지부度支部에서 관장하여 재정의 일원화를

학농민혁명에 적지 않은 영향을 받았다고 하겠다. 그러나 갑오개혁에는 근대 국민국가 형성에서 가장 중요하다고 할 수 있는 국민의 군대형성을 위한 개혁이 없다는 근본적 한계점이 있다. 반면 동학농민혁명은 민이 국가안보의 전면에 나섰으며 민의 혁명을 통하여 국민주권을 형성하고자 하였다는 점에서 근대적 민주주의 혁명운동이라 할 수 있다. 동학혁명의 실패로 말미암아 조선의 근대화는 자율적 · 민족자주적으로 이루어지지 못하고 타율적 · 국가주도적으로 이루어지게 되었다.

동학농민혁명은 불철저한 혁명운동이었다. 비록 '병사를 몰아 수도로 들어가 권귀權貴를 멸할 것'[38]이라는 주장에도 불구하고 전봉준은 고부 공기를 시작할 때 전면적인 전쟁을 통한 혁명운동을 구상한 것 같지는 않다. 또한 전주성함락이후의 소강기도 전면적 혁명전략의 부재를 추측

꾀하였다. 또 신식화폐장정新式貨幣章程에 의한 은본위제도를 채택하고 조세의 금납화金納化 실시와 도량형度量衡을 개편하여 일본식으로 통일하였다. 군사제도는 군대수와 무기의 제한 등 지엽적인 것만을 개혁하여 1910년 국권이 피탈될 때까지의 병력이 불과 9,000명 정도에 지나지 않아 독립국가로서의 군대기능은 미약하였다. 사법제도는 행정기구에서 분리시켜 재판소를 설치하고 2심제二審制가 채택되었다. 1심 재판소로서 지방재판소와 개항장재판소開港場裁判所를, 2심 재판소로는 고등재판소와 순회재판소를 설치하였고, 왕족에 대한 형사재판을 위해서 특별법원을 두었다. 서울에 경무청警務廳을 두어 수도의 치안을 담당하고 지방은 각 도 관찰사 아래 경무관을 배치하여 치안을 맡아 행정과 경찰권을 구분하였다. 이 개혁의 중요한 내용은 사회적인 개혁에 있다. 반상班常의 계급타파, 문벌을 초월한 인재의 등용, 인신매매의 금지, 천민대우의 폐지 등 전통적인 양반체제 하에서의 신분제도를 철폐하였다. 이 외에 죄인의 고문과 연좌제連坐制의 폐지, 조혼금지, 자유의사에 의한 과부의 재혼, 양자제도의 개정, 의복제도의 간소화 등 인습적인 전통을 근대적인 것으로 바꾸었다.

38) 鄭喬, 「大韓季年史」, 『東史』 4, 363쪽. "구병입경진멸권귀驅兵入京盡滅權貴" 사발통문沙鉢通文에는 '전주감영을 함락하고 서울로 곧바로 향할 것'으로 나타나고 있다.

할 수 있는 점이다. 또한 적지 않은 연구에서 지적되는 이른바 남북접의 갈등이나 대접주간의 알력도 전면적인 혁명전략의 부재를 반증해준다. 따라서 동학농민혁명은 치밀한 전략에 기반한 혁명운동이 아니라 사태의 추이에 따라서 진행된 불철저한 혁명운동이었다고 할 수 있다. 이는 조세저항-지방관리 척결-정부의 부적절한 대응-정부와의 본격적인 갈등 심화-정부군과의 전쟁-혁명운동으로 전개되는 혁명과정에서도[39] 알 수 있는 점이다.

비록 실패하였지만 동학농민혁명이 지향했던 민주주의는 어떤 형태의 민주주의였을까? 이 문제는 동학농민혁명의 접근법과 긴밀한 관계가 있다. 지금까지 동학연구는 주로 민족주의적 시각이나 계급주의적 입장에서 접근·연구되었다. 이들 연구들은 동학에서 주로 민족적·자주적 민주주의 성격을 드러내거나 혁명적·인민적 민주주의적 지향성을 찾고자 하였다. 그러나 이러한 선입견적 접근법은 동학이 근대적 서구의 경험에서 발전된 인민·시민·민족 등의 개념이 분화·발전되기 이전의 독자적인 종교·철학·사상·실천운동이었다는 사실을 그다지 중시하지 않았다. 즉, 동학 자체의 내재논리를 그다지 중시하지 않았다. 다행스럽게도 최근에는 내재적 시각과 포스트 모던적 시각에서 동학을 접근하고자 하는 연구들이 발표되고 있다.[40] 민족주의는 동학에서 국민주권의 민주

---

39) 동학농민혁명운동의 전반적 전개과정에 대해서는 비교적 소상하게 연구되었다. 정창열, 1991, 「갑오농민전쟁연구」, 연세대박사학위논문, 44-80쪽.; 황선희, 2004, 「동학농민혁명의 발상지와 무장봉기」, 『동학학보』 제8호, 66-80쪽. 동학농민혁명과 전쟁에 대한 역사적 연구는 이미 적지 않게 이루어졌으며 현재에는 지방차원의 개별 운동들에 대한 연구가 이루어지고 있다.

40) 동학사상 연구현황에 대한 논의는 오문환, 2002. 「동학사상 연구현황」, 『동학학보』 3, 동학학회. 참조.

주의적 성격을 찾아내고, 민중주의는 동학농민혁명에서 인민 민주주의적 지향성을 찾아내 강조한다. 동학에 대한 내재적 이해를 하는 연구들은 동학의 도덕 민주주의적 성격을 제시한다.

동학의 독자성에 보다 강조점을 두는 연구들은 새로운 민주정치의 주체로 국가 · 시민 · 인민 등의 개념보다는 천도를 수행하고 천덕을 행하는 민에 보다 주목한다. 이러한 민은 다분히 동양의 전통에서의 민에 근접한 것처럼 보인다. 그러나 동학이 제시하는 새로운 정치주체로서의 민은 도덕을 담지한다는 점에서는 전통의 맥락에서 서 있지만 정치의 객체가 아닌 주체라는 점에서는 동양전통적 민과는 확연히 구분된다. 동학은 도덕적 민이 정치권력의 주체가 되어야 한다고 보는 것이다. 동학식으로 표현하자면 천주를 모시고 조화에 통한 사람들이 정치권력의 중심에 자리 잡아야 하는 것이다. 이러한 정치가 구현되는 것을 '개벽'이라 하였다.

동학은 도덕이 구현된 정치를 '다시개벽', '후천개벽後天開闢', '천황씨天皇氏의 운運', '포태지운胞胎之運' 등으로 표현하였었다. 현대적 표현으로 한다면 도덕이 권력의 중심에 서는 민주주의라 하겠다. 국가 민주주의의 경우 국민적 자질을 강조하고, 자유민주주의의 경우 시민적 도덕교양을 주장하고, 인민 민주주의의 경우 인민의 계급의식을 강조하듯이 동학의 경우에는 천도와 천덕의 체득과 실천을 강조한다. 이 경우 강조점은 정치과정이나 절차보다는 리더쉽의 덕성이나 자질에 두어지게 된다.

동학에서 도덕적 민주주의에 대한 정치사상적 논의를 찾기 어렵기 때문에 동학사상과 동학혁명에 대한 해석학적 이해를 넘어서기가 매우 어렵다. 그럼에도 불구하고 동학농민운동은 전쟁과 혁명을 통하여 국민주권을 세우고자 하였다는 점에서 민주주의 체제를 지향한 것이 분명하지만 궁극적 목표는 도덕을 중심에 세운 새로운 문명질서의 수립이었다고 할 수 있다.

5. 맺음말

동학에서 근대 서구의 민주주의 역사에서 나타나는 개인적 자유, 권력분립, 선거, 다수결원리 등과 같은 민주주의의 중요한 원리들과 과정론을 찾기란 쉽지 않다. 그러므로 이 글은 보다 일반적 의미의 인권, 공공성, 국민주권의 개념으로 민주주의를 정의하여 동학에 적용시켜 논의하였다. 분석결과 다음과 같이 동학의 민주주의적 성격을 정리할 수 있겠다.

우선 인권의 경우에 동학은 영성적이고 우주적 공동체적 인간관을 보여준다. 이는 인간에 대한 동학의 독특한 이해에서 오는 성격이다. 근대 서구 민주주의가 바탕하고 있는 합리적·개인주의적 또는 계급적 인간 이해와는 매우 다른 특성을 가진 동학적 인간관은 권리개념보다는 오히려 의무나 덕성을 강조하고 있다. 이로 말미암아 동학은 권리들의 충돌과 갈등을 조정하기 위한 법적 장치나 절차적 민주주의에 대한 숙고가 보이지 않는다. 오히려 남을 배려하고 덕을 베푸는 온정적이고 배려적인 민주주의로 발달한 가능성이 높다. 또한 인권보호를 위한 외적·객관적 보호장치들을 발전시킨 근대 서구 민주주의와 달리 동학의 경우에는 인간성 실현을 위한 내적·주관적 수양과 도덕을 발전시켰다. 동학은 아직까지 정치권력에서 도덕을 구현하려는 도덕주의적 성향에서 벗어나지 못하고 있다. 그렇지만 절차적 합리화와 효율화를 추구하는 현대의 권력정치적 민주주의에서 동학은 정치 지도자의 자질과 덕성을 논의하고 소수자의 배려와 사회적 약자에 대한 인권을 강조한다는 점에서 유의미할 수 있다. 또한 윤리적·도덕적으로 권력을 견제한다는 점에서도 의미가 크다고 할 수 있다.

공공성의 경우에는 민주주의가 사적이익들을 공공화하는 절차적 민주주의를 강조한 데 반하여 동학의 경우에는 공적 인격의 형성을 중시하였다. 그럼에도 불구하고 동학은 공공적 인격연마와 함께 매우 독창적인 수양적 공공영역을 형성하여 정치사회에 참여하게 된다. 동학은 접포제라는 일종의 사회적 공적 영역을 형성하여 조선사회에서 사대부 집안이 향약, 계, 향교, 서원書院 등과 같은 유가적 사회영역을 대체하였다. 동학의 접포제의 조직에서는 신분제를 벗어난 평등이 중요하게 작동하였으며 농민들이 대다수였던 민을 실질적으로 정치적 주체로 조선사에 등장시키는 역할을 하였다. 종교적인 공동체 역할과 정치적인 조직체 역할을 동시에 수행했던 접포제는 근대 민주주의에서 나타나는 자유적·민주주의적·부르주아적 공공영역과는 성격이 다른 형태의 독특한 공공영역이었다. 민이 정치적 주권을 실천하는 동학혁명과 3.1독립운동에서 접포제는 근대 민주주의의 각종 결사체·이익집단·공공영역·정당이 행하는 역할을 하였다고 할 수 있다. 전주협약이후 전라도 53개군에 설치되었다고 하는 집강소는 우리나라 최초의 지방자치의 시원이라 할 수 있다.

근대적 민주주의 국가형성은 국민의 군대형성을 통한 외적으로부터의 국가보호가 전제되어야 했었다. 동학농민군은 비록 국민의 군대 역할을 하지 못하였지만 침략주의적인 일본의 군대에 맞서서 국가를 수호하고자 하였다는 점에서 국민자각에 기초한 새로운 국가형성을 지향하고 있음을 분명히 볼 수 있다. 또한 조세저항운동에서부터 시작된 전봉준의 동학농민혁명은 중앙정부와의 갈등과 정부군과의 전쟁을 통하여 혁명적 방식을 통한 새로운 국민주권 국가형성을 지향하고 있음이 나타난다. 비록 치밀하게 정치혁명을 전략적으로 전개하지 못했지만 혁명적 지향성은 근대 민주주의 혁명의 연장선상에서 이해할 수 있다. 이러한 자주적 근대화 과정에서 조선정부가 외세의 무력간섭을 자초하였다는데 한국 민주주의의 태생적 아픔이 있었다고 하겠다.

인권, 공공성, 전쟁과 혁명에 대한 분석을 통하여 동학의 민주주의적 성격은 비록 분명하게 볼 수 있지만 동학은 민주주의 담론을 넘어서는 독특한 성격을 갖는다. 민주주의 이상의 의미가 동학에는 있는 것이다. 이 점은 민주주의 담론으로는 포착되지 않는 점이기도 하다. 동학은 현재의 민주주의보다는 보다 근본적인 맥락의 새로운 문명을 지향하고 있음이 분명하다. 즉, 인간생활과 정치공동체적 삶에 대한 근본적 변혁을 꿈꾸고 있는 것이다.

동학적 지향성을 잘 보여주는 개념들이 '천황씨의 운', '다시개벽', '후천개벽', '포태지운' 등으로 이들 개념들은 모두 새로운 문명적 함의를 가진다. 수운은 '개벽시 국초일을 만지장서 나리시고'[41]라고 하여 분명한 설명은 없지만 이전 정치와는 완전히 다른 새로운 정치를 암시하는 수준에 그치고 있다. 해월 또한 '낡은 정치는 이미 물러가고 새 정치는 아직 펴지 못하여' 천하가 혼란할 것이라[42] 하였다. 명료한 정치체제에 대한 프로그램이나 구상이 없다는 점은 정치철학으로서의 동학의 한계

41) 수운, 「안심가」 4.

42) 해월, 「개벽운수」 15-17.

를 보여주는 점이다. 그럼에도 불구하고 동학의 독특한 사상은 현대 민주주의에 적지 않는 현대적 의의를 줄 수 있다.

우선 형식화하고 절차화된 현대 민주주의의 위기를 인간화하는데 동학의 네오휴머니즘은 기여할 수 있다. 다수결의 원리나 합리성적 토론을 통한 의사결정이 아닌 도덕성에 기초한 의사결정은 권력게임의 정치에 인간적 가치를 배려한 따뜻한 민주주의를 발전시키는데 도움이 될 수 있을 것이다.

다음으로 동학의 접포제는 경제적 이익동기와 파당주의적 권력동기에 의하여 형성된 정치적 공공영역이 아닌 영적 인간성 실현을 목적으로 하고 우주적 덕행의 가치를 지향하는 가치적 공동체가 정치에 참여하는 가능성을 보여주었다. 이윤동기와 지배동기가 아닌 높은 도덕적 동기에 의한 인간성 실현의 소규모 공동체는 현대 민주주의에 있어서 그 중요성은 아무리 강조해도 지나치지 않을 것이다.

마지막으로 동학이 혁명과 전쟁을 통하여 이룩하고자 한 것은 19세기적 상황에서는 분명 침략주의와 억압적 군주제로부터의 해방과 자유였지만 오늘날의 시각에서 본다면 보다 근본적인 인간성 실현과 개벽문명의 건설이라고 할 수 있을 것이다. 동학은 인간성 실현을 영성을 회복하고 우주적 공동체성을 자각하여 실천하는 인격으로 보았으며 그러한 인격체들의 정치공동체 형성을 새로운 문명형성으로 보았다는 점에서 현대적 의의를 갖는다. 이른바 '위험사회'를 가중시키는 생명파괴의 정치에서 생명살림의 정치로 나아갈 수 있는 정치철학적 근본을 동학에서 찾을 수 있을 것이다.

참고문헌

『東經大全』. 癸未仲夏版.

『용담유사』. 癸巳版.

金榮作. 1989. 『韓末내셔널리즘 硏究』. 청계출판사.

김무진. 1983. 「율곡향약의 사회적 성격」 『학림』 5. 연세대사학연구회.

김정인. 2002. 「일제강점기 천도교단의 민족운동 연구」. 서울대학교 대학원.

김현철. 2005. 개화파와 내셔널리즘」. 『한국 내셔널리즘과 21세기의 선택』. 한국정치외교사학회 · 아셈연구원 · 국민대학교사회과학연구소 주최. 국민대학교.

노용필. 2000. 『동학사와 집강소 연구』. 국학자료원.

東學農民戰爭史料叢書編纂委員. 1996. 『東學農民戰爭史料叢書』2. 史芸硏究所.

박경하. 1996. 「朝鮮時代 忠淸地方의 鄕約 · 洞契의 性格」. 향촌사회사연구회. 『한국의 향약 · 동계』.

박영학. 1990. 『동학운동의 공시구조』. 나남.

오문환. 2002. 「동학사상 연구현황」. 『동학학보』 3.

______. 2003a. 『동학의 정치철학』. 모시는사람들.

______. 2003b. 『해월 최시형의 정치사상』. 모시는사람들.

______. 2004. 「동학과 칸트의 도덕론 비교」. 『동학학보』 제8호.

오지영. 1939. 『동학사』. 만학사.

______. 1940. 『東學史』. 永昌書館.

이성무. 1995. 『조선양반사회연구』. 일조각.

이한수. 2005. 「세종시대 '가'와 '국가'에 관한 논쟁」. 한국학중앙연구원 박사학위논문.

임중재. 2002.「동학사상의 근대적 개체성 논리와 인간관에 관한 고찰」.『동학학보』 제4호.

정창열. 1991.「농민전쟁연구」. 연세대박사학위논문.

天道教史編纂委員會. 1981.『天道教百年略史 上卷』. 天道教中央總部教史編纂委員會.

천도교중앙총부. 1998.『天道教經典』. 천도교중앙총부출판부.

최민자. 2005.『동학사상과 신문명』. 모시는사람들.

팽필원. 1996.「동학윤리사상의 연구」. 동국대학교. 박사논문.

韓國學文獻硏究所 編. 1979.『東學思想資料集 壹貳參』. 亞細亞文化社.

황선희. 2004.「동학농민전쟁의 발상지와 무장봉기」.『동학학보』 제8호.

Axel Honneth, Thomas McCarthy, Calus Offe, and Albrecht Wellmer translated by Barbara Fultner, 1992, *Cultural-Political Intervention in the unfinished Project of Enlightenment*, Cambridge, Massachusetts, and London.

Cohen, Jean L. and Andrew Arato, 1992, *Civil Society and Political Theory*, Cambridge, Mass., London: The MIT Press.

H.J. Laski, 1920, *Political Thought in England, Locke to Bentham*, London: Oxford University Press.

Habermas, Jürgen, trans. by Thomas Burger, 1989, *The Structural Transformation of the Public Sphere - An Inquiry into a Category of Bourgeois Society* Cambridge, Mass.: The MIT Press.

James Bohman and William Regh, eds., 1997, *Deliberative Democracy*, Cambridge : MIT Press.

Leo Strauss / Translated by Elsa M. Sinclair, 1963, *The Political Philosophy of Hobbes Chicago and London*: The University of Chicago Press.

Nino, C. S., 1996, *The Constitution of Deliberative Democracy*, New Haven: Yale University Press.

R. Dahl, 1970, *After the Revolution?*, New Haven: Yale University Press.

조선시대 향약鄕約 및 향안조직鄕案組織에서의 의사결정구조

김 무 진

1. 머리말

조선사회에서는 여러 사람들의 의견 특히 조정되고 선택된 의견을 공론公論이라 하였다. 공론을 제기하고 형성하는 것은 원칙적으로 어느 누구에게나 열려있는 것이었지만 실제에는 사회적 분업에서의 위상 혹은 신분 등에 따라서 제한이 있었다. 중앙의 정치에서는 군주 혹은 대신과 언관이 공론 형성의 주체이었고 그밖에 유생儒生이 공론을 형성하기도 하였다.[1] 군주는 신하들에게 구언교求言敎를 내려 특정한 사안에 대하여 의견을 묻기도 하고 혹은 분대分臺를 파견하여 직접 인민을 상대하여 민

1) 공론정치에 관하여서는 崔異敦. 1994.「祖朝 公論政治의 강화」,『朝鮮中期 士林政治構造研究』, 一潮閣와 金焞. 1997.『朝鮮前期 君臣權力關係 研究』. 서울대학교출판부가 참고된다. 전자의 글은 공론정치의 기본개념을 정리하였으며 후자의 글은 공론정치라는 관점에서 조선전기의 정치구조를 개관하고 있어 참고 된다.

폐가 무엇인지 조사하기도 하고 수령은 재지사족의 의견을 묻기도 하였다. 그것을 보면 향촌사회의 향촌민 혹은 재지사족 역시 공론 형성층이었음을 알 수 있다. 재지사족의 공론은 중앙의 정치에 관한 것도 있겠으나 다른 한편 지방통치와 관련된 것이기도 하였다. 이른바 향론鄕論을 조성하고 관철시켜나갔다.

이러한 공론정치의 전개를 조선국가의 정치의 발전으로 평가하기도 하였다. 이 공론의 정치가 붕당이라는 형태를 갖게 되면서 폐해가 드러나기도 하였지만 조선국가의 정치운영이 의사소통체계를 갖추고 있음을 알려 주는 것이기도 하다. 성균관생들은 조광조 신원운동에서와 같이 자신들의 의사를 상소로 나타내기도 하였으며, 관찰사는 특정한 정치적 사안이 있을 때에 여론을 수집하거나 혹은 표창할 만한 효자를 추천하도록 알리고 향촌민이나 사림士林은 그에 응대하기도 하였다. 마치 다스리는 자와 다스림을 받는 자 상호 간의 의사소통이 원활하게 이루어지고 있는 것처럼 보인다.

목민서에서는 다스리는 사람에게 필요한 덕목으로 신중한 언어를 꼽고 있다. 나아가서 말을 신중하게 한다는 것은 나의 의견을 다른 사람에게 전하는 문제일 뿐만 아니라 다른 사람의 의견을 잘 듣는다는 것을 의미한다고 강조하였다.

"마음은 말로써 나타내는데 관정官長이 되는 사람은 더욱 말에 신중해야 한다. 여러 일들에 관하여 물어서 듣기도 하거나 혹은 다른 사람에게 자신의 생각을 말하거나 혹은 정령政令을 내릴 때에 언제나 말을 정확히 하여야 한다."2)

---

2) 『居官要覽』, 奎12299 「重言語」條, "心之所出發於言語 爲官長者尤當愼訥 或詢問

관장은 위로부터의 정령을 전달하는 일만 하는 것이 아니라 다스리기 위하여 다른 사람들의 의사를 들어야 하고 물어 보아야 하며 묻는 말에 대답을 하여야 하는 것이다.

이러한 유교의 정치를 도덕적 정치 또는 민본통치民本統治라 부르기도 한다. 유교통치의 원형은 덕치德治이고 이는 예禮에 의하여 이끌려지는 것이었다. 다스리는 사람이 기준을 세우고 그를 다스림을 받는 사람이 함께 따르도록 하는 것이다. 그러한 점에서 교화敎化는 유교통치의 원형인 셈이다. 교화에서 내세우는 준수하여야 할 기준은 다스리는 사람의 의사이다. 맹자는 세상 사람을 다스리는 사람과 다스림을 받는 사람으로 나누면서 그 둘을 각각 마음을 쓰는 사람과 힘을 쓰는 사람으로 나누었다. "마음을 쓰는 사람은 다른 사람을 다스리고 힘을 쓰는 사람은 다른 사람으로부터 다스림을 받는다. 다스림을 받는 사람은 다른 사람의 먹을 것을 대주고 다스리는 사람은 다른 사람으로부터 먹을 것을 받는다는 것이 천하에 두루 통하는 뜻이다"[3]라는 것이다.

이는 잘 알려진 대로 사회적 분업을 가리키는 것으로 이해된다. 그런데 앞서 교화의 주체가 다스리는 자라는 사실을 상기하면 노심자勞心者

諸事 或對答他人 或出行政令 皆當擇其所當言者" 이 자료는 율곡이 조카에게 주었다는 57조로 되어 있는 일종의 목민서이다((栗谷先生戒甥書 57條). 그런데 또 다른 자료인 『先覺』 古5129-16 은 같은 내용이면서 李元翼이 그의 조카 李德沂에게 가르쳤다는 것이 덧붙여 있다. 이 내용들이 『선각』의 序에서 말한 것처럼 『牧民心鑑』에서 뽑아낸 것이라 하여도 몇 조항에서 조선후기의 사정을 전하는 내용으로 보아 후대에 고쳐진 것으로 여겨진다. 이와 관련해서는 內藤吉之助. 1977. 『朝鮮民政資料牧民篇』. 以文社(영인본). 28-34쪽이 참고된다.

3) 『孟子』, 「滕文公章句上」, "勞心者治人 勞力者治於人 治於人者食人 治人者食於人 天下之通義也."

와 노력자勞力者로 나뉜 사회구성원 가운데 노심자가 곧 교화의 주체라는 점을 알 수 있다. 교화는 교화의 주체가 세운 기준을 교화의 대상이 따르는 것이다. 의사소통체계에서 보면 노심자인 다스리는 자가 결정한 내용을 다스림을 받는 노심자가 전달받는 것이다. 이 경우 의사결정에 다스림을 받는 자의 의사가 어떻게 반영되는지 혹은 의사를 반영할 체계를 갖추고 있는지에 대해서는 알 수 없다. 곧 노심자와 노력자 사이에 어떠한 의사소통체계를 갖추고 있는지 의사결정은 어떻게 이루어지고 있는지를 알 수는 없다. 분명한 사실은 노심자의 결정의 범위는 유교 가치관을 벗어나지 않는다는 점이다. 결정 내용의 울타리가 크게 만들어져 있는 가운데 의사결정권이 행사되는 것이다.

의사소통에서는 의사를 전하고 받는 상대가 있는 법이다. 개인과 개인, 개인과 조직, 조직과 조직이 상대일 수 있다. 개인이라 하여도 개인이 혹 일정한 세력의 대표성을 지닐 수도 있다. 서로의 위상에 따라 전달의 성격도 다를 것이다. 그것이 일방적 통고일 수도 있고, 상호교통적일 수도 있으며 아울러 준행의 강제성 정도도 다를 것이다. 의사소통의 상대, 의사소통의 내용, 의사소통의 목적 등에 따라서 의사소통의 방법들이 선택되고 그러한 것들이 하나의 체계를 이루게 된다. 그리고 그러한 체계 위에서의 의사결정이 있다. 의사소통체계는 의사결정 구조 형성의 결정적인 요인이라 하겠다.

조선사회의 의사소통체계와 의사결정구조에 대한 해명은 조선사회의 작동체계를 밝히는 것이므로 그것은 조선사회 이해를 위한 또 다른 진전일 것이다. 국가, 군주, 수령, 재지사족, 민, 향교, 서원, 향약, 향안, 계회, 문중 등등은 각각 상호간에 어떠한 의사소통체계를 갖고 있으며 의사결정구조는 어떠한가? 일방적 의사전달인 교화에서는 의사소통체계가 없는 것일까?

우리는 향약과 향안이 향촌사회에서 여러 사회구성원이 관련되어 결성되고 운영되었음에 주목한다. 재지사족, 수령, 향리, 향촌민 그리고 때로는 향촌 내의 다른 조직인 교원校院과 관계를 맺기도 하였다. 자치조직체로써도 이해되는 향약과 향안의 의사소통체계를 밝히는 것은 조선사회의 운영원리를 밝히는 일이기도 하다. 향약은 그 자체가 향약을 주도하는 세력이 향약에 참여하는 약원들 및 향촌사회에 전하는 의사이기도 한데 우리의 또 다른 관심은 향약 조직 내에 구축된 의사소통체계는 무엇인가 하는 점이다. 그리고 향약 운영 과정에서의 의사결정구조는 과연 어떠하였는가 하는 것이다. 누가 어떠한 내용을 무엇에 영향을 받아 결정하는가 하는 점인데 이 점은 향안의 경우에도 마찬가지의 문제이다. 이러한 향촌사회에서의 의사소통체계와 의사결정구조의 규명은 좁게는 향론형성의 구조를 이해할 단서를 얻을 수 있을 뿐만 아니라 나아가서는 계급사회에서의 인간관계망의 형성이 어떻게 이루어지고 그것이 어떻게 작동되는가하는 문제 해명에 한 걸음 다가서는 길이라 생각한다. 조선사회의 운영 원리의 한 측면이 밝혀지는 것이다.

2. 향약에서의 의사결정구조

1) 의사소통체계

향약의 종류는 다양하여 주도세력 혹은 참여층에 따라 사족향약士族鄕

約, 수령향약守令鄕約, 상하동약上下洞約 등으로 나누기도 한다. 다른 한편 단순히 지켜야할 도덕적 기준에 관한 선언적 성격을 갖는 이념형과 실천을 전제로 하는 조직형으로 나뉘기도 하는 향약은 조선사회의 기본질서인 성리학적 질서를 세우기 위한 조직이기도 하였다. 곧 명분론에 입각한 상하차별의 신분제적 질서와 소농을 기본 생산층으로 하는 현 경제체제의 유지를 목적으로 하는 것이었다. 아울러 그것은 시행 주체의 교화의 의지가 관철되는 것인 한편 향촌사회에서의 주도권의 장악을 의미하였으며 때로는 혈연적 유대 조직으로써의 기능도 함께 갖기도 하였다. 따라서 향약의 성격에 따라 의사소통체계는 달랐다.

처음 향약을 조직할 때에는 향약 주도층에 따라 조직 구성의 의견을 모아가는 방법이 달랐다. 사족향약과 상하동약은 향중부로鄕中父老 등으로 표현되는 사족들 2, 3인 혹은 몇 사람이 의견을 내어 향중의 동의를 얻어 결성하였다. 상하 동약의 경우 향민에게 뿐만 아니라 사족들에게 상하가 함께하는 동약이 필요함을 역설하기도 하였다. 서사원徐思遠이 동약을 만들면서 "세상 사람들이 모두 형제인데 하물며 같은 동리에 살고 있는 사이에서야 당연한 것이다"라는 언급은 상하의 향촌민 모두에게 하는 말이었다.[4] 수령향약은 수령 혹은 판관이 나서서 향촌 내의 사족들의 동의를 얻어 결성하였다. 서원향약西原鄕約은 이이가 청주에 수령으로 부임하여 이미 서원에 향약이 있었던 것을 기반으로 삼아 향중부로와 의논하여 만들었다.[5]

---

4) 사족향약 및 상하동약에 관하여서는 金武鎭. 1986. 「조선중기 士族層의 동향과 鄕約의 성격」, 『한국사연구』 55. 한국사연구회. 39쪽에 의존하였으며 이후 별도로 주기하지 않는다.

5) 李珥. 『栗谷全書』 卷16. 「西原鄕約」. 「立議」.

물론 이러한 향촌조직을 결성하려면 평소 주도하는 사람들 사이에 긴밀한 관계가 형성되어 있어야 하였다. 곧 주도집단은 향촌내의 지배세력이었으며 그들 사이에는 이미 의사소통의 환경이 조성되어 있었던 것이다. 같은 마을이나 고을에 살고 있으면서 통혼권을 형성하여 친인척 관계를 맺고 있으며 함께 서당이나 서원 혹은 향교에 적을 두고 있었다. 혈연적 관계이든, 지연적 관계이든 혹은 학연에 매여 있든 인적관계망人的關係網을 형성하고 있었다. 이들은 각종 길흉사에 상호부조하고 있을 뿐만 아니라 평소 교유하며 시회詩會, 계회契會 등을 가지고 있으며 상호 개인 문집의 발문跋文 혹은 서문序文을 지어주고, 상량문上梁文, 비갈문碑碣文, 제문祭文 등을 지어 주었다.

향약은 시행하는 주도세력에 따라 성격이 다르듯이 소통하고자 하는 내용과 소통의 목적에 각각 차이가 있다. 향약의 시행이 이데올로기 측면에서는 향약별로 차이가 없다하여도 하여도 그 기능으로 보아서는 차이가 있는 것이었다. 사족이나 수령이 주도하는 향약의 이데올로기적 목적은 성리학적 질서의 수립이라는 점에서는 동일하지만 그를 시행하는 방법 등에서 차이가 나게 마련이다. 의사소통의 상대를 두고 말하자면 사족향약은 사족 상호간의 의사소통이고 수령향약은 수령과 군현민 그리고 군현민 상호간의 의사소통이고 상하동약은 상하민 간의 의사소통인 셈이다. 아울러 향약의 조직체계는 해당 조직의 의사소통의 체계와 그 결정구조를 알려준다.

향약에서의 의사소통의 체계는 임원이라는 인적 조직과 각종의 약회 혹은 회의, 강신講信 등으로 구성되어 있다. 임원조직은 조직을 운영하는 기구인 동시에 의사소통의 기구이었다. 사족향약인 해주향약에는 도약정 1인, 부약정 2인 그리고 직월과 司貨가 있었다. 약정은 새로운 약원을 입약시키는 일을 처리하였다. 입약코자하는 약원은 단자를 갖추어 회집시 약정에게 사람을 시켜 전해 드리고 약정은 회중에게 가부를 물어 결정하는 것이다.[6] 이 경우 약정은 의사소통의 중심에 위치하며 의사결정 과정을 주재하는 것이다. 직월은 선악적에 기록할 기초자료를 확보하고 있으며 그 내용을 모임에서 회중에게 알리는 일을 하였다. 부조물을 모으고 약정이 이끄는 회집의 실무를 맡았다.

변이중邊以中이 장성長城에서 행한 향약 역시 인적 조직이 의사소통기구 기능을 하고 있으며 그것을 가동하여 의사결정을 하였다. 모든 공사公事는 존자尊者 1인, 장자長者 3인, 향선생鄕先生 3인, 향유사鄕有司가 모여 의논하여 결정토록 되어 있다. 다른 향약에서의 약중 사류회의와 같은 최고 의사결정 집단을 형성하고 있는 것이다. 이 의사결정 집단은 그대로 의사소통기구인 셈이다.

인적 조직뿐만 아니라 각종의 회의는 의사소통기구이었다. 해주향약에서 약원들은 준비해둔 부조물이 부족하게 될 때에는 함께 모여 지출내용을 결정하였다. 동등한 자격의 약원들이어서 상호 간의 의사를 존중하는 것이 절차화되고 함께 일부의 사안에 대한 결정권을 나누는 것이었다. 이러한 동약인의 첨의僉議는 여러 경우에 해당되었다. 실화로 집이 소진되었을 때에도 모여 의논하여 처리하였다. 이렇게 약문에 부조의 물품이나 노동력 제공 등이 이미 규정되어 있는 것은 직월이 맡아서 처리하

---

6) 율곡의 각종 향약에 관하여서는 金武鎭. 1983. 「栗谷 鄕約의 社會的 性格」. 『學林』 5. 延世大學校 史學研究會을 참고하였다.

였는데 약정 및 존자의 집에는 직접 방문하여 조사하여 처리하였다. 또한 약정과 같은 임원들에 대한 부조의 경우 스스로 그 정도를 정하기 어렵기에 모여서 회중이 의논하여 정하였다. 그러나 일이 급한 경우 직월을 시켜 약중約中 존자 5인에게 알려 정하도록 하였다. 이와 같이 의사소통의 기구를 다양하게 마련하여 둠으로 사안에 따라 의사소통기구의 이용을 다르게 하고 있으며 결정권의 행사 기구가 다르기도 하였다.

해주향약에서의 회집은 약문을 읽고 공부하는 강신과 경조慶弔의 모임이 있다. 강신은 정월부터 한달 걸러 여섯 차례에 걸쳐 서원에서 모여 행하였다. 강신은 향약의 정신을 가르치고 배우는 기구이었기에 그 자체가 향약 시행의 목적이 가장 직접적이고 구체적으로 약원들에게 전달되는 기회이었다. 그러하기에 약문을 읽고 배우는 것이 가장 기본적이고 큰 목적이겠으나 강신을 통하여 약원 상호간에 의사소통이 이루어지고 있음은 강신 시의 금지 사항을 보아도 짐작되는 것이다. 음사와 관련되는 패란스러운 말들이나 사적인 의논 또는 조정이나 군현의 정사의 득실에 관해서는 하지 못하도록 하였다. 약문을 둘러싼 의사소통 이외의 내용이 소통되었던 것으로 짐작된다. 의사소통 기구의 기능을 가진 강신에서 혹 향약 시행 본래의 목적과 취지에 어긋나는 일이 벌어지는 것을 사전에 방지코자 하는 것이었다. 뒤집어 생각하면 향촌민들, 특히 사족향약이라는 점을 고려하면, 재지사족들은 향약과 같은 조직에서 때로는 중앙 및 지방의 정치에 대한 평가를 하기도 하지만 정보를 주고받기도 하는 것이었다. 향약은 각종 정보의 교류처이었다.

향약은 위에서와 같이 조직 내에 의사소통기구를 두어 의사소통체계를 구성하면서 이 조직의 운영을 위하여 서원과의 의사소통을 고려하였다. 해주향약에서는 1년 임기의 사화로 반드시 문헌서원文憲書院의 유생儒生을 선정하였다. 서원은 사족향약의 중심세력들이 몸담고 있는 곳이고 약회가 열리는 곳이며 경조의 일과 구휼에 쓰일 물자를 보관해 두는 곳이었다. 이러한 점들을 보면 해주향약의 경우 향약 운영에서 서원이 매우 중요한 역할을 하고 있었다. 그런데, 그뿐만 아니라 이 시기의 서원은 여러 면에서 향촌사회의 중심되는 기구이었다. 향약은 전 향촌사회의 의사소통체계를 이루는 다른 기구와의 연결고리를 만들어 두고 있는 것이다.

해주향약은 아울러 향약 내에서 의사소통을 원활히 하기 위하여 입약을 원하는 사람의 경우 그에 대한 준비를 하도록 조처하였다. 미리 약문을 보여주어 그것을 수행할 수 있게 수개월간 준비토록 하였다. 미숙한 자나 행동이 조신하지 못한 자가 참가를 원하면 반드시 약문을 베끼게 하고 그 뜻풀이를 숙독케 하여 한두 해 지켜보아 개관천선한 후 들이는 것이다. 상호간에 의사소통이 원활하지 못할 사람이 들어와 조직이 어려워지는 것을 사전에 방지하려는 조처였다.

입약을 원하는 자는 반드시 단자單子로 입약을 청하도록 하는 등의 별도의 입약 절차를 두어 입약을 하거나 약원으로 활동하는 것이 중요하다는 점을 강조하였다. 단자의 사용은 평소 활동에도 적용되어 질병으로 참석 할 수 없을 때에도 단자를 갖추어 자제를 시켜 전달케 하였다. 또한 약회의 일을 알리는 데 회문回文, 단자의 사용을 원칙으로 하고 있다. 사족이 만든 사족들의 향약이어서 그 의사소통의 방법 역시 사족들만의 방법을 택하는 것이었다. 그러하기에 이들은 서원상의書院常儀 입약의식入約儀式을 할 수 있는 것이었다.

수령향약인 서원향약西原鄕約은 계장 등의 인적 조직과 사류회의, 경조사 때의 취회 그리고 강신이 있었다. 도계장 4인을 비롯하여 면별面別로 장내掌內를 설정하고 계장契長 1인 동몽훈회童蒙訓誨 1인 색장色掌 1인을 두었으며 이별里別로 별검別檢을 두는 체계이었다. 곧 통치제도인 면리제가 향약조직의 체계로 수용되고 있다. 서원향약에서 색장과 별검을 택할 때에 양천을 가리지 않는다는 것은 이 조직이 신분을 가리지 않은 전 주민을 대상으로 하고 있다는 것이고 그를 통하여 양천 특히 천민의 경우 같은 신분의 의사소통의 경로를 확보하는 것이 되었다.

앞서의 해주향약에서와 같이 서원향약의 인적 조직은 향약의 의사소통체계이었다. 도계장은 관에 보고할 일이 있으면 불시로 연락하여 모이고 있었다. 4인 가운데 2인 이상이 모이면 결정하여 보관할 수 있었다. 수령 주도의 향약에서 보관할 사안은 지체할 수 없는 것이었으며 특히 관과의 의사소통이 늘 이루어져야 하는 것이었다. 또 도계장은 1년에 한 번 각 면계장 유사를 한 곳에 모아 약법을 의논하도록 하였다. 향약 내에서의 조직간 의사소통은 원만한 조직운영을 위하여 필수적인 것이었다. 규정되어 있지 않지만 이렇게 모여서 의논한 결과를 가지고 도계장 4인이 모여 재차 의논하였을 것이다.

서원향약의 경우 주민 가운데 쟁송할 것이 있으면 계장유사契長有司에게 나아가 그 곡직을 가린다. 계장유사가 만일 홀로 처리할 수 없으면 약중사류회의約中士類會議에 알린다. 이 회의는 약원 3명이 모이면 의논이 가능하였다. 약중사류회의라는 면내의 최고 결정기구를 두어 운영하는 것이다. 약중사류회의는 상설 기구는 아닌 것이고 사안이 발생할 때마다 개최하는 회의로 향촌 내에서 사족의 의사결정권을 보장해주는 기능을 하는 것이었다. 시비를 최종적으로 가릴 수 있는 자들은 사류인 것이다. 만일 향중에서 스스로 결정할 수 없으면 고관告官하여 처리하였다.

1년에 4번 장내 곧 면내의 전 약원이 모이는 강신은 사맹지회四孟之會라 불렀다. 유사 색장이 회문을 내고 별검이 약원에게 알려 취회토록 되어 있다. 물론 사맹지회만 있는 것이 아니었다. 범죄가 발생하여 다스릴 일이 생기면 사맹지회를 기다리지 말고 마땅히 논벌論罰하는 것이었다. 그리고 사맹지회 때가 아닌데 보관報官할 일이 생기면 약중 제원에게 알리고 타원他員 3인 이상이 모여 상의하여 보관할 수 있게 하였다. 이 밖에 여러 일로 취회聚會를 가졌다.

조직 내에서의 의사소통에 대한 또 다른 배려도 있었다. 선악적善惡籍을 운영하고 있었는데 혹 선악의 행위로 제기된 것과는 다른 내용을 들었을 때에는 다시 의논토록 하였다. 충분치 못한 의사소통으로 인한 약원의 피해를 최소화 시키려는 조처였다.

이 향약은 향촌 내의 다른 조직과의 위상을 유지하기 위해 의사소통의 방식을 규정한 것이 특이하였다. 각 장내 계장이 향소와 상통相通할 때에 관자關子를 사용하고 도계장에게는 첩정牒呈을 사용하고 도계장은 향소와 문자로 통하지 않도록 규정하였다.

교화의 대상자에게 교화의 내용과 기준을 가르친다는 것은 곧 향약 내에서의 의사소통의 기반을 조성하는 것이었다. 서원향약은 나이 서른 이하의 문무 그 어느 쪽도 아닌 자들에게 소학小學 효경孝經 동자습童子習 등의 서적을 강제로 읽게 하였다. 글자를 알지 못하는 자에게는 약회가 열렸을 때에 약문을 상세히 풀어서 알도록 조처하였다.

수령향약의 경우에도 향약 내에서의 수령의 위상에 따라 두 가지 형태로 나눌 수 있다. 수령을 조직 안에 두는 것과 다른 하나는 수령을 조직 밖에 두는 것이다. 서원향약은 수령이 조직 밖에 있다. 곧 의사소통체계를 구성할 때에 향약시행을 결정한 수령은 조직 밖에 위치하게 된 것이다. 이러한 경우 조직원과의 의사소통은 임원 선정이나 약문에 규정된 보관의 방법을 이용하는 것이다. 이는 상호간 교통이 아닌 일방적 의사전달인 셈이다. 대체로 치죄할 내용에 대한 보관이라는 것은 향촌 내에서 일정한 처리 범위 이상은 관의 처벌로 넘긴다는 의미도 있으며 다른 한편 통제 징치할 사안에 대하여 관과 협조하여 수행한다는 의미도 있다. 보관사항이 이미 관의 통치 범위에 들어가 있는 것이기 때문에 그것을 확인하느라 그렇게 하고 있다면 그 성격은 향약이 결정권을 포기나 이양한다기보다는 수령 통치의 범위를 향약 조직에서 확인해 주고 있는 것으로 이해되는 것이다. 그러한 점에서 보면 보관은 대민 통제에 대한 향약의 의사표시인 셈이고 그에 대한 응답으로써의 관의 징치가 시행되는 형태이다. 보관이라는 의사전달은 징치라는 소통의 결과가 아닌 일방적 결정결과의 통보로 마무리 되는 것이다.

그에 비하여 서원향약을 전범으로 삼았다는 김홍득金弘得의 보은향약報恩鄕約은 수령이 도집강都執綱이 되어 정령政令을 총섭하고 도계장都契長, 부계장副契長, 예장禮長 등을 두도록 되어 있다.[7] 도집강은 향약조직과 별개로 정령을 총섭한다 하였지만 향약조목을 소개하는 앞머리에 진술함으로 결국 정령의 총섭 범위에는 향약이 포함되는 것으로 받아들이게 되는 것이다. 도집강은 1년에 한번 향교에 모든 계장을 모아 약법約

7) 金弘得.『鄕約條目』,「鄕約條目」. "本官以都執綱摠其政令." 이 향약은 김홍득이 1747년(영조23)에 보은에서 행한 것이다.

法을 의논하였다. 수령이 도집강이 되어 향약에 직접 관여하는 것이었다. 서원향약 보다 향약에 대한 수령의 장악력이 강회된 것이었다.

보은 향약 역시 향촌 내의 다른 조직과의 연결과 소통에 조직적인 관심을 가지고 있었다. 도계장이나 부계장은 유식자 가운데서 택하는 것으로 규정하였지만 예장 1인은 향교의 도유사가 겸하도록 하였으며 각 면별로 두는 계장은 향교 유생 가운데서 택출하도록 하였다. 형식상 관학인 향교는 도집강인 수령의 직접적인 휘하에 두고 있는 기구이었다. 뿐만 아니라 신분별 안배를 하여 면별로 1인을 두는 색장은 중서中庶 가운데 문자를 알고 분별력 있는 사람으로 그리고 면계장의 사환으로 일하는 별검 1인은 양천 가운데 부지런한 자로 삼았다.

서원향약이나 보은향약과 같은 수령향약의 경우 대상민이 전군현에 걸치는 것이었지만 그 실제 운영은 면별로 이루어진 것으로 보인다. 전군현민의 의사를 결집하거나 혹은 전군현을 단위로 하는 의사소통의 체계를 운영하는 것은 현실적으로 문제가 적지 않을 것이어서 그 운영의 실질 단위를 면으로 삼고 있는 것이라 하겠다.

사창계약속은 다른 향약과 마찬가지로 인적 조직이 있으며 첨의와 강신이 있다. 동약 규모의 사창계약속은 인적 조직에서 다른 향약과 다른 점이 있다. 약장과 부약장을 둔다든가 유사와 장무 혹은 사령은 다른 향약과 유사하나 5가마다 오장伍長을 둔 것은 동약이라는 점이 반영된 것으로 보인다. 역시 약원 가운데 나이 제일 많은 존자尊者를 존위尊位로 삼았는데 그들은 3-4명이었다. 이들은 회집하지 않을 때에 큰 일이 있으면 의논토록 하였는데 약장이 유사를 시켜 존위에게 의논하여 정하도록 하였다. 또 강신이 아닐 때에 의논할 공사公事가 있으면 부약장 유사가 약장에게 의논하였다. 공사는 약장 부약장 유사가 맡고 있는데 그 일들을 약장이나 유사가 아닌 자가 하면 처벌하였다. 조직 보존을 위한 조처였다. 동약이라는 특징이 반영되어 입약 범위를 20리 내로 한정하고 있다.

동약은 대체로 상하의 인적 조직을 이원적으로 두고 있었다. 영천의 우항동계愚巷洞契는 상하가 함께 하는 동약이었는데 하인을 관장하기 위하여 하유사를 별도로 두고 있다.[8] 상하가 함께 하는 동약의 경우 특히 하인의 의사가 소통되고 의사를 결집시킬 체계가 필요하였다. 그 점은 구성원의 자격이 제한적이지 않은 향약의 경우 조직의 제일 아래 단계의 임원을 양천을 가리지 않고 택하는 것에서 이미 확인된 것이지만 이 동약의 경우에는 그를 넘어서 유사를 상하로 나누어 운영하는 것이었다.

사창계약속은 사창의 운영이 가장 큰 특징이지만 다른 향약과 같이 또 다른 의사소통의 기구로써 강신講信이 있었다. 함께 모여 의논하거나 강신하는 것은 구성원들을 일체화시키고 결속력을 강화할 수 있는 길이었다. 선악적의 기록을 유사는 매 강신 때에 약장에게 고하고 첨의하는 것이다. 약중의 상하인이 모여 약문을 강하고 상벌을 논하였다. 이렇게 상하가 함께 모여 향약을 지켜나가기 위하여 이 향약 역시 사인士人을 교훈敎訓으로 정하여 인근의 서천庶賤 가운데 글과 법을 모르는 사람들을 모아 매달 약법을 가르치도록 하였다. 의사소통의 기반 조성이었다.

사창계약속은 여러 문제를 상의토록 하였는데 이 논의가 공평히 이루어지도록 강제 규정을 두었다. 상하가 함께하는 사창계약속에서 유독 상하의 의사소통을 강조하는 조목이 눈에 띈다. 불공평하게 논의한 자는

8) 우항동계에 관해서는 김무진. 1986. 앞의 글에 소개되어 있다.

중벌中罰이고, 약장 유사가 아닌 자가 의논한 바를 기롱하려 시비를 논단하여 사람들의 마음을 불안케 한자는 상벌이고, 하인이 불평스러운 일이 있음에도 불구하고 유사에게 알리지 않고 사사로운 원망의 말을 하는 자는 중벌로 처벌하였다. 의사소통이 이루어지지 않아 발생할 문제를 사전에 차단하려 의사소통을 강제하고 있는 것이다.

때로 동약은 조직 결성 자체가 동리의 통합 조정결과 통합된 마을의 의사소통 기구의 확보를 의미하였다. 소야골과 담원 마을은 언덕을 끼고 떨어져 있었던 터에 마을이 한 동리로 편성되면서 향약을 조직하게 되었다.[9] 종전에는 다른 마을이었다가 통합되면서 여러 면에서 함께 할 수밖에 없는 사정에서 농사를 함께 짓게 되었다고 하지만 농사 일이 언덕을 끼고 있어서 함께 하거나 하지 못하는 것은 아니고 오히려 그 외의 일들 예컨대, 부세납부와 같은 일들이 이제 문제로 되는 것을 누구나 쉽게 예상하였기에 통합을 위한 조직으로 향약을 만들게 된 것으로 보인다.

향약을 결성하고 운영하는 과정에서의 의사소통을 보면 다음과 같이 소통을 위한 기반 조성이 이루어지고 있음을 알 수 있다. 향약 결성 주도 세력 사이의 소통, 원활한 소통을 위한 약원에 대한 입약 전의 교육, 입약 후의 강신을 통한 소통이 이루어졌다. 의사소통의 환경이 마련되어 있는 가운데 결성된 향약은 그 조직 자체가 의사소통의 기구로 창설하였음을 의미하는 것이고 그것은 또한 향약이라는 의사소통기구를 포함하는 의사소통체계가 만들어지는 것을 의미하였다.

---

9) 『淡園鄉約』, 규장각도서 27608. 이 담원향약은 일반적인 교화의 기준을 내세우지는 않은 대단히 간략한 향약이다.

아울러 이러한 조직의 결성과 그것에의 참여는 동일한 조직구성원으로 활동하면서 인적관계망이 중첩적으로 구성되고 더욱 두터워지는 것을 의미하였다. 또한 새로운 조직의 등장은 기존의 조직들과의 연계 속에서 조직적관계망을 두텁게 하는 것이기도 하였다. 앞서 말한 바와 같이 향촌사회에서의 이러한 인망과 조직망은 의사소통체계의 구축을 의미하는 것이었다.

무엇에 대한 내용을 의논할 것인가에 따라서 의사소통체계에서의 의사소통기구의 위상과 역할은 다르다. 물론 그것은 의사결정권의 소지 여부가 함께 고려되는 문제이다. 사족향약에서의 첨의의 대상은 주로 상호부조에 관한 것이었다. 향약이 신분적 질서를 유지하는 가운데 시행되고 지역적 범위가 차이가 난다고 하여도 약문에서 규정하고 있는 지켜야할 4강목을 포함하는 규범들 그리고 보관할 내용들은 생활의 거의 모든 면에 걸치는 것이었다. 그렇기에 선악의 시비를 가리고 규범의 준수 여부를 따지는 향약의 시행은 곧 삶의 모든 면을 의사소통의 내용으로 하고 있는 것이 된다.

그런데 실상 향약이라는 의사소통체계를 통하여 교환되거나 소통되는 의사는 제한적이었다. 향약이 본디 규정된 약문을 지키는 것이어서 제한적일 수 밖에 없으며 그것은 향약의 종류에 따라 다르게 나타나는 것이었다. 또한 향촌의 다른 기구와의 관계를 고려하여 의사소통의 범주를 제한하기도 하였다. 특히 앞서 살펴 본 바와 같이 관과의 관계는 수령향약만의 일이 아이었다. 해주향약에서도 강신 할 때에 중앙 및 지방의 정치에 대한 득실을 논하지 못하도록 하였다. 퇴계학파의 향약 곧 계문향약溪門鄕約의 공통 가운데 하나는 공사취회公私聚會에서의 관정官政에 대한 논의를 금한다는 것이다. 공사취회에서 관정에 대하여 시비하는 자는 처벌하는 것이다. 향약이 향촌 내의 모든 일에 대하여 논의하는 조직이 아니라 스스로 규정한 내용을 지키는 조직이기에 근본적으로 의논하여 결정할 일이 무제한으로 있던 것이 아니었다. 오히려 그러한 점에서 처음부터 의논할 내용의 범주를 제한하고 있었다. 그럼에도 불구하고 취회하여 공의公議를 만드는 경험은 다스리는 사람의 입장에서 보아 정령에 대한 시비를 가리는 능력을 기를 수 있는 것으로 판단한 것이다.

2) 의사결정구조

앞서 살펴 보았듯이 향약을 처음 입약立約할 때에는 향촌사회에서 그간 공론 형성을 주도한 개인이나 혹은 수령 등이 창설을 결정하고 있음을 알 수 있다. 그 과정에서 이들 공론 주도층은 향촌 내의 구성원 가운데 역시 관계망을 형성하고 있는 다른 공론 주도층의 동의를 얻어 향약을 결성한 것이었다.

사족향약인 해주향약海州鄉約의 약문에서는 도부약정 및 직월, 사화와 같은 임원들의 선정 기준과 방법을 명시하고 있다. 그러나 처음 결성하였을 때에는 다른 약원들의 의견을 듣지 않고 창립 회원들이 임의로 이들 임원들을 선정한 것으로 보여진다. 조직의 작동 초기에는 조직 결성 전처럼 조직 주도세력이 결정권을 행사하고 이후 조직이 정상 가동될 때에는 그 권한을 조직이 갖게 되는 것이었다. 이러한 것은 임원 선출에 한하고 있지만 향약의 운영과정에서 누가 영향력을 강하게 끼치고 누가 결정권을 쥐고 있는가 하는 것을 단적으로 나타내는 것이기도 하다. 형식상 인사권 등의 결정권이 조직이 장악하지만 실제로는 향약 결성의 주도집단이 여전히 그 결정권을 실제 행사하게 된다는 것을 의미한다.

상호부조적 성격이 강한 사족향약은 부조물의 지출 내용 혹은 화재로 인한 가옥 소진에 대한 부조 역시 첨의하여 결정하였다. 같은 자격을 가진 구성원으로 이루어진 사족향약은 의사결정을 약원 스스로 공동으로 행하는 경우가 있었던 것으로 보인다. 그러는 한편 때로는 향약 조직에서의 의사결정에 향촌 내의 다른 기구를 고려하였던 것으로 여겨진다. 해주향약은 1년 임기의 사화는 반드시 서원 유생으로 선정하였다. 이는 앞서 살펴본 바와 같이 평소 서원과의 의사소통을 염두에 둔 포석이라고 생각되는 한편, 결정 사항에 따라서는 어떠한 형태로도 서원을 고려하여 의사결정이 이루어지는 것임을 의미하는 것으로 생각된다.

앞서 거론한 바와 같이 향약 조직에서의 약원들의 의사결정권은 실제 어떻게 행사되든 약문에 규정한 것처럼 명문화 되어 있다. 해주향약의 경우에도 임원 선출권 및 신입 회원의 가입여부에 대한 결정권 역시 약원들이 갖고 있었다. 변이중의 장성향약에서도 향유사의 경우에 존자, 장자, 향유사가 각각 1인을 추천하여 향원이 선출토록 되어 있다. 특히 조직 가운데 향선생은 향유사의 추천권은 갖고 있지 못하지만 예우면에서는 존자와 대등한 위치에 두고 공사 결정에 참여 하고 있다. 같은 임원 조직이라 하여도 결정권 혹은 추천권의 행사 범위를 각각 다르게 설정하고 있는 것이다. 각각의 위상에 따른 차별적 추천권의 행사인 것이다.

이들 향약은 약문에서 규정된 내용 이외의 것을 위에서와 같이 수시로 의논하여 결정하였다. 약문에 규정된 내용의 준수와 그를 위한 결정은 임원 조직에서 행하고 때로는 첨의하기도 하지만 별도의 기구를 구성하여 의사를 결정하는 일들이 있었다. 앞서 살핀 바와 같이 해주향약에서는 부조와 관련하여 긴급한 일이 발생하면 약중 존자 5인이 결정하도록 규정하고 있다. 서원향약은 주민이 제기한 쟁송을 1차로는 계장유사가 처리하지만 2차로는 약중사류회의가 그를 처리하도록 되어 있다. 앞서 말한 바대로 면내의 최고 의결기구인 셈이다. 수령이 주도하여 설립한 향약에서 재지사족의 협조를 끌어내고 아울러 그들의 향촌내의 위상을 인정해주는 것이다.

향중에서 처리할 수 없으면 보관하는 것이다. 물론 보관해야할 범죄가 발생하면 약원 3인 이상이 보관 결정을 할 수 있었다. 사창계약속에서 강신이 없을 때에는 약장이 의사결정권을 가진 것으로 보이는데 앞서 진술한 바대로 존위 3-4명은 중요 사안의 의논상대이고 일정한 정도의 의사결정권을 행사했을 것으로 여겨진다. 변이중邊以中의 장성향약長城鄉約에서 모든 공사公事는 존자尊者 1인, 장자長者 3인, 향선생鄉先生, 향유사鄉有司가 모여 의논하여 결정토록 되어 있다. 최고 의사결정기구인 것이다.

때로는 약원 사이에 견제 장치를 두기도 하였다. 장성향약의 실무는 향유사 2인이 맡아 하는데 앞서 말한 바와 같이 향유사는 존자 장자 향유사가 각각 1인을 추천하여 향원이 선출토록 되어 있다. 향유사의 후보집단을 각각 다른 기구에서 추천토록 하고 선출권은 일반 향원이 행사토록 되어 있는 것이다. 이는 일견 임원 선출에 관한 권한을 추천권과 선출권으로 나누어 일반 향원에 의한 임원의 견제로 보이는데 다른 한편 이것은 향약의 실무를 담당하는 향유사의 선출을 향원에 맡기게 함으로 향원의 실질적인 의사반영을 실현하는 것이기도 하였다. 장성향약에서의 임원 선출은 이렇게 추천권과 선출권을 분리한 특징을 가지고 있다.

3. 향안에서의 의사결정구조

1) 의사소통체계

처음 향안을 작성하는 과정이나 혹은 향안 조직의 기능이 정지되었다가 재가동할 때의 의사소통은 향약에서처럼 대체로 기왕의 향촌사회 내에서의 의사소통체계를 의존하는 것이었다. 성주향안의 경우에도 향선생鄕先生 대인大人들이 향안을 다시 작성하기를 주장하였고 현풍에서 계축년癸丑年에 향안을 고친 것도 향부로들이었다. 향안이 작성된 뒤에는 향안 조직이 의사소통체계의 기능을 하게 되는 것이다.

현풍향안에는 좌수 별감 등의 임원 조직과 여러 일을 다루는 첨회를 가지고 있었다. 향소는 구성원의 의견을 듣고 모으는 역할을 하였으며 그를 전 구성원이 논의토록 하였다.[10] 크고 작은 민의 폐막(民瘼)은 향소가 듣는 대로 일향제회에 알려 상의하여 일체 없애도록 하였다. 향안 조직이 하는 일 가운데 하나는 일반인의 의사를 모으고 이를 전달하고 해결하는 것이었다. 향안조직 자체가 의사소통의 기구 역할을 하는 것이었다. 그것은 향촌민과 관의 통치를 연결하는 것이었다. 앞서 수령향약이 관치 보조적인 기능으로써 의사소통 기구 역할을 하였다고 하였는데 향안 역시 그러한 기능을 하였다. 16세기 후반 이후 향안은 단순히 향풍의 교정이나 향리 규찰의 일을 넘어서서 관의 통치행정의 보조기구로서의 기능을 점차 맡게 되었다.

향소는 좌목 서전書塡 시 모임에 앞서 일향에 문서를 내어 알려야 했

---

10) 『道東書院誌』. 1997. 「鄕案設立初定規謄草」, 영남대학교민족문화연구소편(영인본), 119-120쪽.

다. 현풍향안에서는 좌목서전 취회, 향임 의망 취회, 요역 불근자 등을 처벌하기 위한 일향제회, 그 밖의 향중사를 논의하기 위한 제회齊會 등 여러 회의가 의사소통의 체계를 이루고 있었다. 이러한 의사소통의 내용 가운데에는 위에서 말한 바와 같이 수령 통치에 협조하는 업무 특히 요역 공부의 분정이 중요한 것으로 부상하고 있었다. 원악향리에 대한 규제 조항도 있지만 가장 많은 규정은 요역과 관련된 것이다. 요역에 힘쓰지 않은 자는 모두 모여 경중에 따라 관에 알려 처벌토록 하며, 하리와 짜고 요역을 피한 자 역시 삭적이나 손도로 처벌하고, 요역을 균평히 분정할 것이고, 호역戶役은 규정대로 지키고 다른 사람에게 옮기지 말 것이고, 모든 요역은 규정대로 할 것이며 그것을 모두가 함께 의논하여 처리토록 한다는 것이다. 이 시기 가장 중요한 부분으로 등장하고 있는 요역의 문제에 관한 의사를 향안 조직을 통하여 정리하고 있는 것이다. 향안이 그와 같은 일들을 주로 의논하고 있다는 것은 향안이 점차 군현 통치의 중요한 협조자에서 하부 조직으로 바뀌고 있음을 알 수 있다.

19세기말에 이르면 향청은 수령 주도의 민회 결정사항을 따르고 있으며 군 및 면단위와 함께 그 결정사항을 바탕으로 작성된 약문을 보관하는 곳이었다. 1891년(고종28) 자성군慈城郡에서는 민인의 회의를 거쳐 공삼貢蔘 보폐補弊 비용을 거두고 관리하기 위한 약문約文을 만들었다.[11] 이것은 각 면의 풍헌 2인 그리고 두민頭民, 이방과 호장 그리고 중군과 좌수가 보증하는 것이었다. 군현의 주요 인물과 민인 대표가 보증하는 문건

---

11) 『約文』 古4259-94. 『平安道慈城郡事例』, 한국지리총서 『邑誌』 15 평안도2(한국학문헌연구소) 606쪽에 보면 자성군은 同治10년 11월 기사년(1869)에 복호 복설되었다.

을 작성하고 향청과 군 및 각 면에서 보관하는 것이었다.

2) 의사결정구조

향안 조직에서의 결정 내용은 우선 조직운영과 관련된 것이 있다. 임원 선출이라든가 혹은 새로운 회원 가입인 인진引進은 정상적인 운영을 위하여 반드시 필요한 것이었고 그 과정에서 의사소통이 원활하게 이루어져야 후유증이 없는 것이었다. 17세기초 성주의 재지사족층은 불에 탔던 향안을 복구하는 등 비교적 활발히 움직였지만 1630년대에 들어가면 활동이 미약하였다. 본디 유사는 각각 1인을 추천할 수 있으며 좌중에서 3인 이내로 부否하여야 참석을 허락하는 것이었다. 7인 이상이 안 된다고 하면 잘못 추천한 것으로 벌을 주었다. 향안을 수정할 때에는 반드시 춘추 강신에 상의하여 인진하고 향원이 30명이 되거든 가부를 통과토록 되어 있었다.

그러나 향원이 점차 줄어들고 즐겨 모이지를 않아 의결정족수인 30명을 채우기가 어렵게 되자 이 기준은 계속하여 변동하여 20명으로 줄었고 1640년대 전반에는 15명을 한도로 하였다. 결정 기준도 달라져 2인 이하가 부이면 정해진 규칙대로 인진하고 3인이 부이면 인진을 불허하도록 하였다. 추천하는 방식도 달라졌다. 향소 4인과 공사원 4인이 각각 3명씩 추천토록 되었다. 단 회원이 가부를 결정하는 것은 변함이 없었다. 따라서 새로운 향원鄕員을 추천하는 인진의 심사 기준도 거의 없어질 정도로 완화되었고 추천된 신인도 불과 수명에 그쳤다. 향회에 참여할 수 있는 인진 대상자의 나이도 25세로 줄었다. 당초 절목에서는 인진을 춘추로 하기로 되어 있었는데 매년 하는 것으로 바뀌었다.[12)]

현풍향안의 논의 사항 가운데 하나는 다른 향안 조직에서와 같이 조직의 임원 선출 및 인진에 관한 것이다. 현풍향안에서의 임원은 좌목서전座目書塡을 위한 취회를 알리기도 하고 그 자신들이 삭적 대상일 수 있는 조직 운영의 주체이었다. 이들이 일반적인 향안 조직의 일들을 처리하였을 것으로 여겨지는데 향안의 성격상 조직을 운영하기 위한 것을 제외한 대부분의 일들은 구성원들 전체의 몫이었다고 생각된다.

안정복安鼎福은 향청의 임원을 선택할 때에는 고을의 공론을 취해야한다고 말한다. 공론을 취하는 대상과 과정은 다산茶山이 『치현결治縣訣』과 『상산록象山錄』을 근거로 제시한 바와 같이 향청에 재임 중인 자와 향교의 의견을 거치는 것이 현실을 반영한 것이라 생각된다. 특히 좌수는 그 아래의 향임직에 대한 인사권의 연쇄적 행사의 출발이어서 중요시하지 않을 수 없는 것이었다. 다산은 풍헌 약정을 모두 향승 곧 좌수가 천거하고 있다고 지적하였다. 강계江界의 경우 좌수 혼자 추천치 말고 반드시 향장鄕將 중에 노성두민老成頭民이 왕복 상의하여 해당 방의 제1인을 추천토록 하고 있다.[13)]

현풍향안의 향회는 이들 향안 등재자만을 대상으로 열린다. 의결 정족수는 사안에 따라 달랐다. 좌목서전은 15명 이상, 향임 의망은 일향 5명 이상이었다. 일반적인 향중사의 결정은 종다수이었는데 향중의 의사를 결정할 때에 사람마다 가부 두 종류의 찌栍를 두게 하여 많은 찌를 거두는 것에 따르도록 하였다.

---

12) 성주 향안에 관해서는 金武鎭. 1999.「朝鮮後期 星州 鄕村社會 在地士族層의 動向」,『韓國史硏究105』. 한국사연구회를 의존하였다.

13) 金武鎭. 2001.「조선후기 군현의 통치구조」.『大丘史學』64. 48쪽.

현풍향안에서의 논의 및 결정 내용의 일부를 보면 수령에게 공손할 것, 하리에게 지나친 위세를 부리지 말 것 등을 규정하여 출향 조처할 수 있게 하였다. 이는 한편으로는 조직 보존을 위한 것으로 여겨진다. 부역의 징발에 큰 관심을 가지고 있는 현풍향안에서는 모두 모여 공부요역의 분정을 결정하였다. 제회齊會에서는 폐막제거를 위해 논의하였다. 고관치죄하고 있는 것은 신분질서 유지와 향촌사회에서의 장유의 질서이었다. 천한 자가 귀한 자를 능멸하고 나이 적은 사람이 나이 든 사람을 능멸하면 제회하여 고관 치죄토록 하였다. 향풍교정과 수령통치에의 협조이었다. 수령에게 공손치 못하고 하리에게 지나치게 위세를 부려도 삭적이나 출향 등의 처벌을 받지만 다른 한편, 수령에게 아첨하여 민간에게 폐해를 끼치는 자 역시 중하면 삭적이고 가볍게는 손도 처벌을 받았다. 향안의 사회적 기능은 그 조직의 결정 내용을 규정하는 것이었다. 앞서 말한 바와 같이 군현통치와 관련된 내용의 결정이 중요한 일로 되었다.

4. 향중공론 형성 조직 및 세력

향중공론을 형성하는 조직이나 세력은 향약, 향안뿐만 아니라 각종의 계회 혹은 서원, 향교와 같은 것이 있었다. 아울러 공론형성의 주도세력 가운데 하나는 수령이었다. 향약, 향안, 서원이 재지사족이 주도하는 것이라면 수령은 향약 혹은 향교 면훈장 등의 기구에 보다 직접적인 영향을 미쳤다. 물론 향촌사회 내의 제기구나 제세력의 의사결정이 곧 향중공론을 가리키는 것은 아니었다. 공론형성의 대상이 되는 것은 제한적이었으며 향론이 늘 하나같은 것은 아니었다.

1) 향약 및 향안

전술한 바대로 조직의 창설이나 재건 과정을 보면 의사를 모으는 중심 인물이 있으며 그가 추동하여 향촌 내의 공론 주도 인물의 동의를 얻어 그 일을 추진하였다. 이들이 행하는 의사 결정의 포괄적인 사상의 근거는 자신들의 학문 근거인 유학儒學이었다. 그리고 신설하거나 혹은 재건하든 그 이유 가운데 하나는 향촌 내에서 의사소통의 문제가 심각해지거나 혹은 회원 상호 간의 의사소통이 부족하게 되었다는 점을 지적 하였다. 향론을 주도할 조직이 필요하든가 혹은 그 기능이 떨어져 기능을 회복시키고자 신설 혹은 중수하는 것이었다.

향중 공론은 물론 공론을 형성하고 주도하는 재지사족들에 의한 것이었다. 의사소통체계 역시 이들을 중심에 놓고 구축되었다. 정확히 말하자면 이들 사족은 자신들이 중심이 되는 의사소통체계를 구축하였다. 사족향약의 경우는 물론이고 수령이 주도한 향약의 경우에도 사류회의가 구성되어 있었다. 이들은 일정한 수준의 사법적 판단을 하고 있음이 확인되었다. 그렇게 형성된 공론은 향약 조직 등을 통하여 지켜지는 것이었다. 보은향약에서 일향의 공론을 훼손하는 행위는 가장 중한 처벌인 상벌上罰을 받는 것이었다.[14] 담원향약에서는 이렇게 공론을 형성하고 유지하는 자신들의 약회를 공회公會라 부르고 있다. 향약은 곧 공론 형성의 주체이고 보급 전파자이었다.

동약은 동단위의 자치조직체로서 어느 정도는 자치의 완결성을 가질

14) 金弘得.『鄕約條目』. 규장각도서 482-1: "非毁一鄕公論者 右用上罰."

수 있지만 향촌 내의 다른 기구와의 관련을 배제할 수 없는 것이었다. 금란수의 예안 부포동 동약은 향소, 수령과 일정한 관계를 유지하고 있다. 동약이 설정한 제규정을 준용하고 덕행이 뛰어난 자는 향소에 보고하고 향소는 수령에게 보고하게 되어 있다. 이러한 방식은 동약의 강제성을 보장받을 수 있는 길이기도 하였다. 향소가 향론에 크게 영향을 끼치는 예안에서 동약이 택한 자치 조직체 유지의 방식이었다.

이러한 향약은 때로는 수령 통치의 보조적인 기구로서의 기능을 가졌다. 안정복이 목천木川에서 행한 향약조직은 면리조직과는 별개의 것이지만 한편으로는 그것을 보완하는 역할을 한 것이었다. 안정복은 향약조직을 시행하면서 사족을 참여시켜 면리조직의 취약점을 보완하고자 하였으며 동약洞約과 방역소防役所를 결부시켜 운영하려 하였다. 이 동약은 이념형이라기보다는 경제적 상호부조나 공공의 성격을 띠며 재정수요에 충당하는 동계洞契이었는 바 이를 사족이 주관하면서도 다른 한편으로는 상호上戶 곧 부민富民에 의존적인 것이었다. 향약은 여러 공론형성 주도층의 이해가 결합되어 시행되기도 하였으며 새롭게 성장하는 계층이 참여하는 조직체이었다.

그뿐 아니라 향약은 직접 여론을 형성하여 관에 의사를 표현하기도 하였다. 억울한 일로 죄를 입어 형을 받게 되었다고 판단이 되면 동약인은 연명하여 보관하여 그 억울함을 풀고자 하였다. 서원향약, 사창계약속 그리고 보은향약에 동일하거나 유사하게 규정되어 있는 것이다.[15)]

동약은 앞서의 담원동약과 같이 통합된 지역의 의사결정권을 행사하려

15) 『栗谷全書』. 「西原鄕約」, "無罪之人橫被誣枉將受刑戮洞約連名報官伸理" 이는 金弘得의 『鄕約條目』에도 동일하게 수록되었다.

는 의도에서 결성되기도 하였다. 다른 한편 동약은 동외의 사람들에게도 영향을 미치려 하였다. 동물洞物은 동외의 일에 빌려주지도 않으며 동외의 사람이라도 풍속을 해치는 사람은 관에 알려 징치토록 하였다.[16] 동물을 사사로이 사용하는 동외의 사람은 기록을 남겨 영영 쫓아내는 것이다. 이와 같은 방법은 향촌 내의 다른 조직 예컨대 학교와 같은 경우에도 적용되었다. 영천향약안에 의하면 학교는 풍화의 근본인데 이것을 배척하는 자는 악적에 적어 향참인의 경우에는 향안에서 지우고 방외인方外人은 그 자손을 교원에 영영 들어 올 수 없다고 규정하였다.[17]

이와 같은 방외인에 대한 규제 적용은 향약의 경우에 약문으로 규정할 일은 아니었다. 왜냐하면 향약의 경우 입약이 열려있어 자원하여 조직에 가입하는 것처럼 보이지만 사실상 자동 가입이나 마찬가지이어서 굳이 방외인에 대한 조항을 설정할 필요가 없었던 것이다. 그러하기에 거꾸로 향약의 범위 밖에 있는 동외의 인물에 대한 규제를 정하기도 하는 것이다.

그런데 이러한 향약이나 향안 조직을 운영하는 과정에서 적지 않은 문제가 발생하고 있음도 역시 주지의 사실이다. 임진왜란과 같은 미증유의 사건뿐만 아니라 향촌내외의 사정은 향약의 실시 혹은 향안의 유지를 어렵게 하였다. 인진을 통한 신진의 등장이 외형적으로는 정상적이고 활발한 향회鄕會를 보여주는 듯하지만 점차 내부의 갈등이 표출되기 시작

16) 『憲條約』. 古352-D717. 『凡洞物無借洞外事』, 『凡物告于上任然後出用事洞外則不許事』, 『雖洞外如有傷風敗俗之人報官懲惡事』.

17) 『慶北鄕校資料集成』(Ⅰ). 「永川鄕校 鄕約案」. 1992. 영남대학교 민족문화연구소 편. 135쪽.

하였다. 이른바 투단投單 사건이 계속되었다. 투단이라 하는 것은 향청에 단자를 내는 것인데 이것은 새로운 향원의 추천에 대한 합의가 이루어지지 않음을 나타내주는 것이었다. 성주의 경우 1673년(현종 14) 가을안에 대한 투단, 1699년(숙종 25) 투단, 1703,1704년 춘안에 대한 투단, 1708년 천안물의薦案物議가 있었다.

특히 18세기초의 일련의 투단 건은 노강서원 설립을 둘러싼 갈등의 표출이었다. 늦어도 배정휘裵正徽가 반대 상소를 올린 1704년부터 노강서원이 설립된 1711년(숙종 37)까지 전개된 향론의 분열은 중앙정권에서의 노론과 남인의 갈등을 성주사회가 대행하고 있었던 것이었다. 1710년에는 향안 보관장소를 회연서원으로 옮기는 등 내부적인 변화가 있었으며, 1739년(영조 15)에 신계사新溪祠에서 향회를 열어 작성한 향안을 1763년(영조 39)에야 수정할 정도로 적지 않은 문제가 있었다. 물론 이 시기 재지사족간의 갈등을 유발하고 향론을 분열시킨 것은 1728년(영조 4)의 이인좌난李麟佐亂이었다. 이인좌난에 대한 대응을 둘러싸고 적극적인 진압론과 방관론이 갈라져 그 분열이 19세기까지 이어졌다.

투단하는 단자에서 의사결정과정의 문제점을 지적하기도 하는데 그것은 곧 의사결정에 대한 불복을 의미하는 것이었다. 분명 투단은 조직 내에서 충분하게 의사소통을 하지 못하고 있다는 것을 의미한다. 결정된 사안에 대하여 향청에 투단하여 문제로 제기한다는 것은 결국 조직 자체의 의사결정 과정 혹은 결정 그 자체에 대한 문제제기이기에 조직의 건강성마저 잃게 되는 것이다.

그런데 그것은 다른 측면에서 보면 투단을 의사결정의 한 방법으로 사용하고 있음을 알 수 있다. 투단을 하면 결정된 사안에 대하여 재고하게 되고 나아가서는 그 결정을 무효화시키게 되는 것이다. 그렇다면 투단은 자신들의 의사와는 다르게 사안이 결정되었을 때에 그것을 재심의하는 방법이 되는 셈이다. 성주향안에서 1712년 완의完議하기를 투단의 습속이 고질적인 수준에 이르렀고 그것이 대체로 개인의 염원嫌怨에서 비롯되고 있음을 지적하였다. 그럼에도 불구하고 투단하는 자는 무조건 이름을 삭제하는 것이 아니라 공공의 일 이외의 사의私意에 따른 투단자라를 대상으로 한다고 규정하고 있다는 것은 투단이 이미 굳어진 재심의 방법이라는 점을 인정하고 있는 것이었다.

2) 서 원

향촌사회에서 향약이나 향안의 조직뿐만 아니라 서원이 의사소통의 체계를 형성하고 있으며 아울러 주요한 향론 형성의 주체적 기구였다. 곧, 서원은 향중공론의 생산지이고 소통기구였다. 서원의 의사소통 대상은 향내의 사림, 도내道內의 교원校院 및 사림 등 다양하였다. 다른 서원뿐만 아니라 개인 혹은 각종 조직이 모두 망라되었다. 도동서원은 서원을 통문의 수문처授文處로 하고 있는데 합천의 소학당小學堂 혹은 상주의 우산수계愚山修稧가 대상이었으며 대전향회大田鄉會로부터 문서를 받고 있는 것을 알 수 있다.[18)]

서원을 설립하여 운영한다는 것은 향촌 내에서는 물론이고 나아가서는 서원이 상호간의 소통망을 형성하고 있다는 점에서 도내와 전국적으

18) 崔承熙는 서원의 문서를 수문처 별로 대국왕문서, 대관부문서, 대사인문서(통문)로 나누었다(崔承熙. 1981.「古文書의 樣式과 그 實際」.『韓國古文書硏究』. 한국정신문화연구원. 415-424쪽).

로 의사소통체계와 결정권을 가진다는 것을 의미하였다. 문인들에 의한 서원이나 사우 설립은 학문적인 연원을 확인하고 그를 계승한다는 의미뿐만 아니라 정치적 기반의 조성을 의미하였다. 한편으로는 자파의 인물을 육성한다는 의미가 되겠고 다른 한편으로는 그러한 기구를 취회소聚會所로 삼아 현실적인 공간을 확보하는 것이고 또 다른 의미에서는 정치적 입장에 대한 학문적인 근거와 인정의 배경이 되는 것이었다. 그와는 또 다른 입장에서 서원 설립이 추진되거나 실현되었다. 자파가 열세한 지역에 서원을 설립함으로 중앙 정치세력의 향촌사회에서의 교두보를 확보하려는 노력이 기울여졌다. 중앙의 특정한 정치 세력이 향촌사회의 향론 조성에 직접 나서는 것이었다. 기존의 향촌 주도세력에 의하여 자연스럽게 형성되는 향중공론을 그대로 두지 아니하고 외부에서 영향력을 미쳐 자신들의 의사대로 견인하고자 하는 것이었다. 물론 그 과정에서 향촌 내부의 호응이나 협조 없이는 서원의 설립조차 어려운 것이었다.

성주의 경우에 16, 17세기에 남南·북北의 당색이 병존하였고 그 후 청남淸南·탁남濁南과 각각 관련되는 인물들이 거주하는 곳이었으며 18세기 이후 주요 집권세력인 서인西人과 전혀 무관하지 만은 않았다. 노론세력이 집권하고 있는 시기에 세워진 송시열을 제향하는 노강老江서원의 경우 향촌사회의 지지세력에 의해 설립이 추진되지만 특히 남인계열로 지목되는 이 지역의 사족들은 냉담한 반응을 보였다. 나아가서는 상소를 올려 적극적으로 서원 설립을 반대하였다.

처음 서원을 건립하려하였을 때에는 송시열뿐만 아니라 이이李珥까지도 같이 제향인물로 거론하였던 것으로 여겨진다. 남인이었던 허목許穆의 문인인 배정휘는 1704년(숙종 30) 상소를 올려 송시열과 이이가 성주와는 무관하다는 것을 논증하면서 서원 설립의 부당성을 지적하였다. 그는 학연이나 지역적 연고를 서원 설립의 일반적 근거로 제시하고 이 경우에는 그 어디에도 해당되지 않음을 역설하였다. 아울러 서원 건립을 청하는 이지완李志完 등도 이곳의 교원에 들지 못하였던 자라는 것을 말하였다. 다시 말하자면 서원 설립이 향촌사회의 공론과는 무관하다는 것이었다.

노강서원 건립 시도는 그 찬반을 둘러싸고 성주의 유생들 간의 갈등을 유발하였던 것으로 여겨진다. 1699년에도 향원鄕員의 투단投單으로 인진자引進者 명단을 고치기도 하였는데 1700년대 초 새로 인진한 명단에 대한 투단投單이 자주 일어나게 된 것도 이 사건과 무관한 것이 아닐 것으로 짐작된다. 서원 설립을 둘러싼 이와 같은 갈등은 서원이 향론형성의 주요 기구였음을 말해준다.

3) 수 령

조선시기 수령은 공적통치망公的統治網과 사적통치망私的統治網을 가동하여 공론公論을 수렴하고 그를 근거로 통치에 관한 결정을 하였다. 공론 혹은 공의公議로 포장되는 것은 군현내의 주요 세력의 의견이었다. 이 공론은 수령의 입장이나 재지사족의 입장에서나 자신들의 견해를 정당화하는 것으로 이용되었다. 그것은 향론이라 불리는데 이 향론이 때로는 수령의 통치와 관련되는 경우가 있었다. 향론을 형성하는 향회는 부세수취에 관한 것을 결정하기도 하였는데 지역에 따라 향약이나 관치보조적 성격을 갖는 향회를 통해 형식적 공론을 유도·형성하여 수령권 행사의 명분을 만들었다. 수령은 통치망을 형성하여 군현 내의 인적 자원을 체계화하고 조직화하여 통제력을 강화할 기반을 마련하였다.

물론 이 공론·공의를 형성하고 발의하는 재지사족의 주도는 향촌 사정에 따라 제한적 범위에서 이루어지는 것이었다. 조선후기 면리제面里制의 운용이 확대되고 자연촌락의 성장에 따라 면뿐만 아니라 이里 단위에서도 공론을 모아야하는 일들이 생기게 되었는데 양반이 거주하지 않는 경우에는 그들이 배제된 채 공론을 모으는 조직이 구성되고 공론을 형성하였다. 18세기 전반 순천順天에서 황익재黃翼再가 사창社倉을 실시하면서 면 단위의 사수社首나 여閭의 직월을 양반으로 정하려 하였지만 양반이 없는 촌에는 직월을 두지 않도록 하였다.[19] 진대賑貸의 경우에 일촌一村 상하의 공의公議에 따라 진대토록 하고 운영을 관에서 간섭치 않도록 하였다. 이와 같이 진대라고 하는 제한적인 범위에서 관의 간섭을 배제한 상하의 공의에 따른 운영은 향촌민의 자치적인 결정의 보장으로 이해되는 측면도 있다.

전술한 바대로 공론을 취합코자하는 내용은 부세수취나 혹은 진휼과 관련되는 것이었으며 때로는 관속의 임면에 관한 것이었다. 부세수취제의 운영은 호구戶口와 전결田結을 기준으로 삼는 것이었는데 특히 잡역雜役의 경우에 면 단위에서 조정되는 것이었다. 그 책임은 전적으로 수령에 있었지만 실제로는 향청에서 관할하고 있었고 재지사족의 영향력이 발휘되기도 하였다

그 공론 수렴의 범위는 결정 내용에 따라 다른데 향청 임원 선정은 향청과 재지사족이 주요 대상이었고, 향리의 환방換房은 향리 특히 이방의 영향력이 큰 가운데 관행이라는 형태로 조정된 의견이 있을 것이고, 면단위는 해당 면의 제 세력이 대상일 것이다. 이러한 공론 수렴은 특히

19) 金俊亨. 1984.「18세기 里定法의 展開」.『震檀學報』58. 진단학회. 82-83쪽.

독자적이리라 생각되는 인사권의 행사 경우에 집중되었다.

향청의 관 기구화는 향청이 차지하는 수령의 의사결정 요인으로써의 위상이 달라졌다는 것을 의미한다. 향청의 관 기구화는 향청 임원을 관속으로 변화시켰다. 위상이 달라진 향청의 임원을 선정하는 것은 수령의 통치를 위한 기초 작업이었다. 자연 수령의 통치를 도울 수 있거나 아니면 최소한 방해하지 않는 인물로 선정해야하는 것이었다. 좌수나 별감의 선정이 향청의 자율적 결정에 맡겨진 경우도 많겠으나 어떠한 형태로도 수령은 그 결정에 관여코자 하였다.

아울러 통치결정 체계의 운용과 공론이라는 형식을 통한 제세력의 의사 수렴은 다양한 의미를 가진 것이었다. 한편으로는 역으로 동원된 관외官外의 하급관속류를 관치보조적인 기능을 발휘하도록 하였고, 다른 한편으로는 재지사족의 협조를 끌어내는 반면 민의 의사수렴은 재지사족의 영향력을 제한하는 것이었다. 그리고 그것은 후기에 가서 향촌민의 자치를 부분 보장하는 것이었으며 수령 통치결정의 정당성을 확보하는 것이었다. 이러한 점에서도 군현 통치는 국가권력의 일방적인 표현이 아니라 때로는 해당 주민의 의사가 반영되기도 하고 주민이 그 집행에 형태가 어떠하든 개입되는 것이었다.

5. 맺음말

유교사회에서의 교화는 의사소통이라는 측면에서 보면 일방적 의사전달의 모습을 갖고 있다. 교화의 주체가 세운 기준을 교화대상에게 알리고 그에 동의토록 요구하는 것이었다. 때로는 동의과정이 생략된 형태로 제기되기도 하였다. 유교가치관이라는 것은 그 대상인 인민으로부터 동의를 받아야만 준수되는 것이 아니었다. 지배층에 의하여 선택된 것이었고 유교사회의 성원은 응당 그에 따르는 것이 의심의 여지없는 일로 여겨졌다. 때로는 노비에 대한 이해에서 보듯이 구성원으로서의 자격을 인정한다든가 교화의 대상으로 여긴다든가 하는 생각도 많은 시간이 경과해야만 가지게 되는 것이었음을 알고 있다.

우리가 살펴본 향약이나 향안 조직은 그 자체가 교화 내용 및 기준의 제시라는 의사를 전달하는 것이었으며 그 설립 혹은 중수과정에서 의사소통의 체계가 일정하게 있었음을 확인할 수 있었다. 향약 및 향안은 각각 성격에 따라 다른 다양한 의사소통체계를 갖추고 있었고 그러한 의사소통체계의 정상적인 운영이 정상적인 조직의 운영을 의미하는 것이었다.

향약은 향안에 비하여 인적 조직이 면밀하고 복합적이었다. 향약의 임원조직은 말 그대로 의사소통체계로 볼 수 있으며 의사소통의 내용은 향약에 따라 달랐다. 향약 마다 향약 내의 의사소통을 위한 방안들을 가지고 있었으며 임원 조직은 그러한 일들을 감당하였다. 나아가서는 각종의 회의 역시 의사소통을 위한 기구이었으며 강신 또한 그러한 기능을 가지고 있었다. 대체로 약문에 규정된 것만을 보아도 향촌사회에서의 모든 삶과 관련되는 것이었으며 향촌 내의 다른 의사소통기구와 함께 더 큰 범주의 의사소통체계를 이루었다.

그에 비하여 향안의 의사소통체계는 비교적 단순하였다. 신분구성이 단일하고 제한적이어서 인적 조직이 단순하였다. 그렇기에 임원과 향원과의 차이가 크지 않은 것도 그 특징 중의 하나이었다.

의사결정권은 조직의 성격이나 설립 목적 등에 따라 다른 형태 다른 주체를 가진 것이었지만 그 어느 조직도 설립 주도 세력만에 의해 독점되고 있지는 않았다. 그러나 주도하는 세력은 존재하였다. 평소 향론을 형성하던 집단에서 향약 등을 결성하고 그 결성된 향약의 중심세력으로 존재하였던 것으로 보인다. 그것은 향안의 경우에도 마찬가지이었다. 향약에서의 의사결정권은 각종의 사류회의와 같은 성격의 최고의사결정기구를 통하여 그들이 장악하고 있었다. 조직이 기반으로 삼고 있는 신분제적 질서의 유지 나아가서는 유교사회의 가치관에 어긋나지 않는 범위 내에서 조직 참여층이 제한적으로 이러 저러한 일들을 결정하고 있었다. 아울러 그것은 향촌사회 내의 공론 형성 주도세력 내지 조직들과의 관련 속에서 규정되고 제한되는 것이었다. 그것은 향안의 경우에 보다 분명하게 나타나고 있었다. 예컨대 향안의 의사결정의 주요 내용은 점차 관 통치의 중요 부분인 부세수취에 집중되고 있었다. 향안조직과 수령과의 관계 변화가 반영된 것이었다.

그럼에도 불구하고 향촌민들이 의사소통체계를 유지하고 의사를 결정하는 경험을 축적하고 있다는 것은 사회의 구성원들이 각각의 다른 삶터에서 그 소통체계를 발전시키고 본격적인 의사결정권을 전면으로 사용할 수 있는 기회를 확대하기 시작하였음을 의미하였다.

참고문헌

『居官要覽』 奎12297.

『慶北鄕校資料集成』(Ⅰ). 1992. 영남대학교 민족문화연구소편.

金弘得. 『鄕約條目』. 규장각도서. 482-1.

『淡園鄕約』 癸亥 9月 日. 규장각도서. 27608.

『道東書院誌』 玄風鄕案. 1997. 영남대학교 민족문화연구소편.

『洞憲條約』. 352-D717.

『孟子』.

『約文』. 고4259-94.

『栗谷全書』. 대동문화연구원(축쇄영인본).

『朝鮮民政資料牧民篇』.

金 焞. 1997. 『朝鮮前期 君臣權力關係 硏究』. 서울대학교출판부.

金武鎭. 1983. 「栗谷鄕約의 社會的 性格」. 『學林』 5. 延世大學校 史學硏究會.

金武鎭. 1986. 「조선중기 士族層의 동향과 鄕約의 성격」. 『한국사연구』 55. 한국사연구회.

金武鎭. 2001. 「조선후기 군현의 통치구조」. 『大丘史學』 64. 대구사학회.

金武鎭. 1999. 「朝鮮後期 星州 鄕村社會 在地士族層의 動向」. 『韓國史硏究』 105. 한국사연구회.

金俊亨. 1984. 「18세기 里定法의 展開」. 『震檀學報』 58. 진단학회.

崔承熙. 1981. 「古文書의 樣式과 그 實際」. 『韓國古文書硏究』. 한국정신문화연구원.

崔異敦. 1994. 「宣祖朝 公論政治의 강화」. 『朝鮮中期 士林政治構造硏究』. 一潮閣.

한국의 마을문화와 자치·자율의 전통

이 해 준

1. 머리말

한국의 전통사회에서 자율과 민주적 의사결정의 경험은 과연 어느 수준, 어느 정도나 축적되어 있었을까? 특히 전통마을에서 마을민들은 민주적 의사결정을 어떻게 하였으며, 공동체 생활에서 발생하는 갈등과 대립을 어떻게 해소하였을까? 아마도 이러한 의문들이 본고에서 발제자가 다루어야 할 내용이 아닌가 생각한다.

한국의 역사와 문화 속에서 자치와 자율의 전통은 줄곧 추구되어 왔던 덕목이며, 여러 형태로 전승되고 발전되어 왔다. 특히 그것이 서구사회의 과학적 개념이나 용어로 포장되지 않아서, 혹은 제도적 완벽성이라는 측면에서 다소 미흡할지는 모른다. 그러나 그보다는 제도를 운영하는 인간의 '도덕성'과 '공동체 생활문화의 전승'과 '공생 논리'의 측면에서는 결코 무시되어서 곤란하다고 생각한다.

그러나 이에 대한 기존의 논의들은 대개 "상부상조의 오랜 전통"이나 "순박하고 지혜로운 농민들의 미풍양속" 등에서 보는 것처럼 아주 감상적인 것이거나, 실증적이지 못한 측면이 많았다. 여기에 더하여 전통 생활방식이 전근대적이라거나, 극복의 대상이라는 부정적 인식까지 겹쳐져 논의가 좀 더 진전되지 못했던 측면도 크다. 그러나 사실 조선시대 전통 촌락에서의 주민자치와 자율의 전통은 여러 형태로 나타난다. 생활공동체로서 촌락은 생업과 문화, 그리고 생태와 자원을 공유, 존속하여야 하였으며, 그 과정에서 법제적 이념적 통제와 별도로 스스로의 자율과 자치 능력을 보유하고 있었다고 할 수 있다.

본고와 관련하여 민속학과 사회학 · 인류학 연구에서 그 편린들이 정리되었고, 역사학 분야에서는 촌락민 조직이나 의식의 변천을 다루는 연구들에서 일부 시론적 논의가 이루어진 정도이다. 따라서 본고도 크게 이들 수준을 능가하는 발제는 어렵겠고, 다만 발제자에게 부여된 주제에 맞추어 전통마을의 자치 자율 문제를 성격, 유형, 변천사로 나누어 일별함으로써 하나의 틀 거리를 마련하는 것으로 만족하고자 한다. 부족하지만 이 글이 학술회의가 목적하는 논의의 토대가 된다면 더없는 다행이겠다.

2. 전통마을 자치·자율의 성격

흔히 촌村 · 동洞 · 리里로 불려지는 한국의 전통마을들은 스스로가 마련한 공동체적 생활방식(자율적 운영체계)을 가지면서 존재해왔다. 각각 농촌은 특수한 지리적, 사회경제적 배경을 기반으로 하면서 발전한 한국의 전통촌락들은 그에 따른 문화상들을 종합적 결과물로써 간직하고 있다. 그리하여 전통적인 한국의 생활문화를 정리함에 있어서 농촌문화는 '공동체문화의 기본 단위'이고, '실질적 사회생활의 울타리'이며, '다양한 사회관계가 구조화되는 경제·사회·문화적 공간'으로서 주목받는다.[1)]

월드컵 4강과 붉은 악마의 신화 뒤에는 이 같은 오랜 농촌문화가 기반이 된 공동체 의식과 문화가 버티고 있으며, 극심한 수해의 현장에서 고도로 발달한 과학적 지식수준을 능가하던, 자연 생태계와 조화를 이루었던 선조들의 지혜를 만날 수가 있다. 감나무 골에서 땡감과 홍시, 곶감은 물론이고 차와 장아찌, 염료까지를 만들어낸 지혜는 물론, 감나무와 관련된 지명과 설화, 민요까지 만들었던 우리 조상들의 '종합문화성'을 나는 농촌에서 발견하게 되는 것이다. 그리고 바로 그 "농촌 = 한국의 전통마을"은 한국적 전통 생활문화의 보고이자 '종합전시장'이라고 할 만하다.

특히 촌락이나 농민들의 자치와 자율의 모습 속에는 여러 가지 의미 있는 내용들이 담겨 있다. 필자는 전통 촌락사회의 자율과 자치적 전통이 대체로 "공생"과 "평등", "순리"라는 측면에서 공통점을 지니고 있다고 생각한다. 그래서 불문율이었지만 어떤 법보다도 강했고, 민주적이었으며 실용적일 수 있었다고 생각한다.

"두레"로 상징되는 농촌의 공동체 문화도 '모듬살이의 지혜'이자, '공생共生의 지혜'였다. 그리고 그것은 이론과 객관적, 합리적 논리 때문이라기보다 오히려 눈빛과 숨소리만으로도 무슨 생각을 하는지를 알 수 있을 만큼 다정하고 끈끈한 인간관계(情)가 밑바탕에 있었기 때문에 가능했던 문화였다. 또 그것은 법제적 배경이나 관념·추상적인 것이 아니고

---

1) 이해준, 1994, 『조선시기 촌락사회사』, 민족문화사.

실제적이었다. 구성원들의 사적인, 그리고 자율적인 필요와 목적을 기반으로 만들어졌고, 지켜졌다. 공동체 생활이나 조직에 묻어 있는 이들 전통적 요소들은 촌락의 각종 생활문화공동체의 공생을 위하여, 혹은 타 부류와의 차별성을 강구하는 방법으로 여러 형태의 조직과 그 운영논리를 만들었던 것이다.

다시 강조하지만, 전통마을의 공동체 문화는 오랜 동안의 경험과 현실 속에서 수많은 시행착오를 거치면서 우리의 실정에 맞게 정착되었던 전통이었고, 따라서 검증된 지식과 정보의 총합, 그리고 오랜 동안 지속된 만큼 실용성과 구체성을 생명으로 한다.

그러나 이러한 자율의 전통은 전통사회가 신분제 사회이고, 촌락의 구성이 다양하였기 때문에 시기와 지역, 구성의 차이에 따라 편차가 있게 마련이었다. 그리고 마을과 마을민의 사회적 기능과 역할은 역사변화 과정에서 자체 성장발전의 의식적 동력과 성과를 축적하였으며, 때로는 이들을 직접 지배하에 수렴하고자 하는 외적인 힘(통치제제, 사족지배체제)의 강약에 따라 좌절, 왜곡되기도 하였다. 시기별 변화상이 그만큼 복잡하여 하나의 묶음으로 정리하기가 어렵다는 것이다. 여기에 더하여 전통마을의 자율적 전통을 불문율, 관습법의 수준에서 전승되어 본 학술발표가 구상하는 것처럼 결정의 절차, 공론화(공인)과정, 책무와 벌칙 등으로 명쾌하게 구분하여 정리하기가 매우 어렵다. 그리하여 이 절에서는 전통마을의 자치와 자율적 전통이 가지는 성격 논의를 진행하기 이전에 염두에 두어야 할 점들을 잠시 점검해 보고자 한다.

첫째 조선시대나 그 이전의 시대는 역시 신분제 사회였고, 최고지배층과 권력층의 이데올로기가 허용하는 한에서 민중의 자율이 허용, 가능하였다고 보아야 한다. 특히 조선시대 같은 경우 양반 사족에 의한 향촌자치와 자율책이 민중의 이해를 반영하는 것으로 보기에는 한계가 많고, 봉건체제 속에서 국가의 공권력도 민중의 자율성을 보장하려 하지 않았다. 즉 우리는 우선적으로 전근대사회에서 민중의 자율이 엄격한 한계와 제한성을 가지고 있었음을 인정할 필요가 있다는 것이다.

둘째로는 자율의 모습을 변천사와 함께 이해해야 한다는 점이다. 농민문화나 촌락생활문화에 보이는 자율적, 민주적 생활방식들이 통 시대적 개념으로 항상적으로 존재하였다고 상상하는 것은 문제이다. 민중의 자율 의지나 사회 관행이 생겨나고 발전하는 과정은 사회체제의 변화, 민중의식의 성장, 기타 사회경제적 조건 등 커다란 역사의 변천과 함께 해왔다는 점이다.

셋째는 자율의 내용과 성격도 구분하여 이해하여야 한다는 점이다. 부연하면 아주 자연스럽게 태생적으로 주어진 방임적 자율, 역할 분담이나 타협에 의하여 부여된 자율, 투쟁과 의식적 노력에 의하여 획득한 자율 등등 그 생성배경에 따라 매우 다양한 성격을 지닐 수 있다는 점을 염두에 두고 논의를 전개하면 좋겠다는 생각이다. 그리고 자체 결속과 방어를 위하여 합의 속에 이루어지는 자치와 자율은 구성원의 차별성 강조라든가, 통제 징치 규제력이 그 중심이 된다. 그런가하면 역할분담, 타협에 의하여 부여되는 자율의 모습에서도 철저하게 경계를 정해놓고 위임하는 자율이 있는가 하면, 지도와 감시체제가 존재하는 경우도 있을 수 있다.[2)]

3. 전통마을 자치·자율(조직)의 변천사

마을은 사람들이 함께 모여 사는 삶의 공간이었다. 이해와 성격이 서로 다른 사람들이 공존하기 위하여 마을민들은 나름대로의 운영 논리나 규약, 법속, 규범, 그리고 문제해결의 지혜 같은 것을 마련하였다. 변천사라는 측면에서 마을 조직들의 성격을 살펴보면 예컨대 조선전기의 리사나 동린계, 혹은 음사로 지칭되는 마을 신앙조직이 있었고, 향약의 도입과 확산과정에서 돋보이는 사계私契나 소계류小契類 촌락조직들도 자생적인 발전 형태를 지니고 있었다. 그런가하면 조선후기에는 민중의 의식성장과 함께 이미 상하합계와 같은 반상의 동참 조직 속에서 자생력을 키워가다가, 두레라든가 대동계 같은 마을 단위의 공동체조직을 결성 운영하였고, 18세기 후반이후는 문중계, 상여계나 유산계(놀이계), 서당계, 장하계, 송계, 상포계, 우마계 같은 각종의 목적계들이 조직되어 각각의 결사적 목적을 달성하여 왔다.

1) 조선초기의 동린계洞隣契와 향도香徒

려말선초의 향도에 대하여 "계契를 모아 향을 피우는데 이를 향도香徒라 한다. 서로 돌아가면서 연회를 열고 남녀男女. 소장少長이 차례를 지어 앉아 먹고 마시니…"라는 내용이나, '동린계洞隣契'로서의 성향을 강조한 기록들, 그리고 상장부조에 관해 강조한 것을 미루어 본질적으로 향도가 '기층민들의 상호부조적인 공동체적 모습'이었음을 말해주고 있다.

---

2) 예컨대 부여된 자치와 자율, 방임된 자치와 자율, 획득된 자치와 자율은 그 성격과 의미가 각기 다를 것이다.

그리고 이들은 이수광이 『지봉유설』에서 '중외中外의 방방곡곡에 모두 계契를 만들어 서로 규검'한다든가, 향약실시에 대한 조정의 논의 중에 좌상 박순朴淳이 거론하듯 '안으로 도하都下에서 밖으로 향곡鄕曲에 이르기까지 모두 동린지계洞隣之契와 향도지회香徒之會가 있다'는 것처럼 극히 일반화된 것이기도 하였다.[3)]

대개 조선전기 향도는 조직 범위를 리里 · 향리鄕里 · 인리隣里 · 리중里中 · 촌村 등의 말단 자연촌락을 단위로 하며, 구성원도 7-9인에서 100인 혹은 40-50호정도의 상천민常賤民(里里賤人 · 窮人 · 里巷人)으로 하였다. 또한 이들이 주체가 되어 행하는 행사들도 공동노역이나 마을의 잡역(우물, 도로, 하천 관리), 그리고 무속적인 전통이 가미된 마을제사(음사陰祀; 당제, 동제), 관혼상장의 공유와 그 부조가 주된 것이었다. 그리고 몇몇의 사례에서 보는 것처럼 정례화, 혹은 정기적인 행사의 모습도 지니고 있었다.

태종대에 실시를 모색하던 리사제里社制는 이 같은 전래의 촌락조직들을 성리학 체계 속에 흡수하려는 기도였다. 즉 생활 공동체적 유대를 지닌 기존의 신앙의례를 음사淫祀로 매도하면서 그 대체조직으로 리사제里社制를 구상하였던 것이다. 그러나 주지하는 바와 같이 리사제 실시 기도는 소기의 성과를 거두지 못한 채 겨우 수령이 파견되는 군현단위에 사직단이 세워지는 수준에 머물게 되었다.[4)]

마찬가지로 사림의 향약 보급과 실시는 사족의 향촌자치와 자율 측면

---

3) 이해준, 1991, 「조선시대 향도와 촌계류 촌락조직」, 『역사민속학』 창간호, 역사민속학회.

4) 한우근, 1976, 「조선왕조 초기에 있어서 유교이념의 실천과 신앙 · 종교」, 『한국사론』 3집, 서울대 국사학과.

에서는 중요한 발전이었지만, 반대의 측면에서는 촌락농민들의 생활공동체 문화와 자율적 전통을 억제하는 역할을 하였다. 사족중심의 지배질서가 확립되면서 조선전기 공동체적 기반을 가졌던 대부분의 촌락조직들은 향약의 실시논의와 함께 사족들의 하민 지배틀 아래에 귀속되거나 극히 일부의 기능을 분담하면서 존속하였기 때문이다.[5]

2) 상하합계上下合契의 출현과 하계下契의 분리

17세기 일반화되는 상하합계上下合契(≒ 대동계大同契)는 신분간의 만남과 타협, 그리고 촌락농민들의 자율과 자치의 한계를 현실로서 경험하는 기회였다.

양란이후의 사회 경제적 변화와 함께 사족지배체제가 동요되자, 사족들은 이를 재복구하기 위하여 여러 형태의 의식적 노력을 벌이고, 동계조직을 대부분 중수, 복구한다. 그리고 이 과정에서 새로운 형태의 동계가 나타나게 되는 데 그것이 바로 상하합계의 동계 출현이었다.[6] 이들 17세기 사족들의 상하합계上下合契는 본질적으로 촌락사회 내에서의 상하민 질서를 재확립하려는 목적을 지니고 있었다.

양란이후 상하합계에서 하계로 편입된 사례로는 영암 구림의 서산향도四山香徒(1565년), 안동 하회의 소계小契(1584년.1618년), 태인 고현리의 린계各契(1666년), 영암 화수정의 촌계村契(17세기 후반), 의령의 향도香徒(1692년), 영천 망정의 사계私契(1735년), 영암 영보정의 린촌계各村

5) 이해준, 1990, 「조선후기 洞契 · 洞約과 촌락공동체 조직의 성격」, 『조선후기의 향약연구』, 민음사.

6) 박경하, 1987, 「왜란직후의 향약에 대한 연구」, 『중앙사론』 5집, 중앙대사학회.

契(1772년) 등등이 예시할 수 있다. 따라서 촌락농민들의 입장에서 보면 스스로 원하지 않는 상하합계에의 일방적 편입 요구에 직면한 셈이고 (1618년 하동하계河回洞契 '소계금단小契禁斷', 1692년 의령 동계 '사작향도혁파私作香徒革罷'), 영천 망정동계(1735년)의 사례에서 보듯이 '리인사계里人私契 동약기피洞約忌避'라는 반발 사례들도 보이고 있다.

이러한 상하합계는 사족들의 입장만을 보면 사족중심의 향촌재편을 목적하는 것이었지만, 한편으로는 후속될 더욱 큰 변화를 예고한 것이나 마찬가지였다. 즉 촌락농민을 기반으로 하는 그들의 사회경제적 지위가 도전받고 있음을 노중한 것, 그리고 더욱 중요한 것은 촌락농민들 스스로가 상하합계의 구성과 운영과정에서 촌락농민들은 자신들의 신분적 계층적 요구를 포용할 만큼 제도적으로 보장되어 있지 못함을 실감하게 되는 계기가 마련되었다는 점이다.

이 과정을 거치면서 촌락농민들은 자신들의 요구나 위치를 정확하게 인식하고 그 타개의 방향을 모색하게 되며, 이 과정을 거쳐 뒤이은 다양한 자신들의 촌락조직들을 만들 수 있는 자체 조직력이나 인식기반도 마련하게 되었다고 할 수 있다. 18세기 중엽이후 상하합계上下合契 형태의 동계洞契조직에서 하계下契가 없어지는 현상, 두레조직의 발전, 위상 강화는 이 같은 변화와 연관된 것이었다고 생각된다.

3) 두레 및 촌계·목적계류 조직의 성장

그러나 이와는 반대의 측면에서 당시 일정한 수준의 자체성장과정을 겪고 있던 촌락기층민들은 상하합계上下合契의 동계운영에서 자신들의 참여 폭을 확대하였고, 그 같은 경험의 축적을 통해 계층적인 자기인식의 분위기도 성숙되었을 것이다. 즉 촌락기층민들은 그들대로 제한된 당시의 사회구조 속에서나마 현실인식과 대응방향을 일정하게 모색하고 있었다.

18세기 중반 이후 사족지배력의 이완현상과 함께 진전되는 촌락의 발전, 특히 분화의 과정에서 사족들의 동계洞契조직은 관념적인 형태로 남거나 형해화되고, 오히려 자연촌 단위에서는 촌계류 조직들이 오히려 실제적인 촌락운영을 담당했다. 촌계村契조직은 생활문화 기반 위에서 자연마을 단위로 존속하면서, 동제洞祭・당제堂祭(당산제)로 대표되는 마을의 민속적 제의와 공동노역(잡역; 울역)이나 동린적 상장부조를 담당하였으며, 마을의 공동재산(전답田畓, 동물洞物)의 관리를 맡았다.

그리고 노동조직으로서의 두레조직도 이들 촌계류 조직과 긴밀한 관계 속에서 혹은 그 예하의 청장년조직으로 중첩적인 구성을 하고 있었다. 두레는 기본적으로 지주층의 참여와 간섭을 배제하여 자작・소작농민을 성원으로 했던 까닭에 신분제적 강제를 벗어나려는 움직임을 보였을 것이다. 여기에 생산력과 연관된 경제기반이 확보되었을 때 그 기능은 더욱 강화되어 이들이 명실상부하게 기층 촌락민의 입장을 대변하였을 개연성이 쉽게 추측된다.[7)]

특히 19세기 이후 민중의식의 성장과 사회모순의 증대는 노동조직으로서 계층적 이해를 반영하는 두레조직의 역할과 주도력을 보다 강화시켜, 촌계류 조직이 지녔던 기존의 영향력을 대부분 확보할 수 있었던 것이다. 더욱이 19세기의 두레조직들은 단순히 촌락 내에서의 역할만이 아니라, 호미씻이나 대동두레를 통해보듯이 촌락간의 두레조직의 연대가

---

7) 이태진, 1989, 17, 18세기 향도조직의 분화와 두레발생, 『진단학보』 67집, 진단학회.

이루어진다.[8)]

그런가하면 18세기 후반 이후는 촌락의 분화[9)] 및 사회경제적 발전, 촌락농민의 의식 성장과 함께 다양한 목적계류 촌락조직들이 생겨난다. 예컨대 문중계(화수계), 상여계나 유산계(놀이계), 서당계, 장학계, 송계, 상포계, 우마계 같은 각종의 목적계들이 활발하게 조직, 운영되었다.

4. '두레' 조직의 자치·자율 문화

1) 두레의 조직과 결속력

두레조직의 범위는 하나의 자연마을을 기본으로 한다. 물론 아주 큰 마을은 몇 개의 두레가 결성된 경우도 있고, 작은 경우는 아예 없거나 수개의 인근 마을이 합두레를 짜는 경우도 있지만, 적절한 규모의 호수와 농지를 가진 마을에서 10명-50명의 두레꾼이 확보되면 조직은 가능했다.

일단 두레에는 마을에 거주하는 청장년으로 일정한 노동력을 가지고 있어 이를 공인받으면, 간략한 신입절차만으로도 참여할 수 있었다. 마을내의 상민들로 주민들로 구성되므로 신분보다는 나이가 서열을 결정하였지만. 두레를 효율적으로 운영하고 통솔하기 위하여 임원과 유사를 두는데, 지금까지 조사된 결과를 토대로 일반적인 조직구성을 보면 다음과 같다.

영상과 좌상으로 불리는 노령의 감독 및 지도 고문이 있고, 그를 보좌

---

8) 주강현, 1999, 「두레 공동노동의 사적 검토와 생산문화」, 『노동과 굿』, 학민사.

9) 이해준, 1993, 「조선후기 촌락구조변화의 배경」, 『한국문화』 14집, 서울대한국문화연구소.

하거나 각종의 보조역을 하는 우상, 문서잽이, 공원(유사), 그리고 실제적인 두레패의 지휘자로서는 총각대장(총각대방 : 수머슴)이 있었다. 보조역인 우상은 좌상을 보좌하며, 공원은 대개 밥 공원과 논 공원으로 구분하는데, 논 공원은 두레패가 동원되는 대상농지의 조건을 구분하여 노역가를 산출하고 밥 공원은 식사를 조달하였다.

한편 두레의 꽃인 총각대방은 두레조직의 효율적 운영과 통솔을 맡은 사람으로 힘이 세고 영리하며, 우스개 소리 잘하는 사람, 통솔력이 있어 군기를 잡거나 체벌도 가할 수 있는 정도의 권위가 있어야 했다. 지역에 따라 총각, 수머슴, 총각대장, 총각좌상 등으로도 불리었다. 총각대장에게는 소동패가 소속되기도 하였는데, 이들은 아직 두레에 가입하지 않은 아이들로 뒷일, 보조일을 맡는 두레의 예비대라고 할 수 있었다. 특별히 소임(총각소임)이라고 하여 군기단소과 체벌을 책임진 사람을 별도로 두기도 하였고, 식화주라고 하여 밥나르는 일을 맡은 사람도 있었다.

2) 들돌들기와 진세턱

두레는 마을단위의 매우 개방적이고 민주적인 조직이지만, 노동력을 단위로 결성되는 공동체조직이었던 관계로 가입과정에서 노동력의 수준을 점검하는 일정한 심사절차가 있었다. 흔히 주먹다듬이로 통칭되는 가입례와 관련하여 대표적인 것이 들독들기와 진세턱이다.

마을의 미성년자가 16-17세가 되면 성년으로서 두레에 가입하게 되는데, 이때 사용되는 것이 바로 들돌이다. 둥그런 돌이면서 손때가 묻어 반질반질하며 보통 사람이 들기에는 약간 힘에 겨운 무게이다. 들돌은 대개 당산나무나 동각의 밑에 보존되어 있으며, 대중소로 무게가 다른 둥근 돌을 모셔 신앙대상으로 섬기는 경우도 있다. 이 들돌을 들거나 들어서 어깨위로 넘기면 당당한 가입의 자격을 얻는 셈인데, 이는 노동담당자로서 생산활동에 참가할 자격을 인정받는 의미를 지닌다. 마을에 따라서는 7월 백중에 청장년들이 모여 힘을 겨루고 장사(수머슴)를 뽑는 과정에 이용되기도 한다. 이 경우는 장사는 두레의 대표가 되거나 임금을 곱절로 받는 특혜를 부상으로 받는다.

다음으로 이들 신입자들이 신입례는 주로 술이나 가벼운 안주로 대접하는 것인데 이를 진세턱이라 한다. 이 신입례는 두레에서 1인의 동등한 노동력 인정 절차이자 성년식 통과 의례라고도 할 수 있다. 들돌들기와 신입례는 두레조직의 세대교체와 생산력 제고, 구성원 사이의 연대를 목적하는 것이었다고 할 수 있다.

3) 호미씻이와 두레 기旗

호미는 가장 기본적이고 다용도로 활용된 농구였다. 두레가 노동조직이었던 탓으로 이같은 호미를 상징적 행사에 동원한 것이 바로 호미모듬과 호미걸이, 호미씻이였다. 호미모듬은 두레작업이 본격적으로 시작되기 전에 두레꾼들이 농청에 모여 역원을 선출하고 공동의 조직을 민주적으로 결정하고 작업을 준비하는 날, 각각 자기의 호미를 한개씩 농청에 모아 거두는 대동大同 의식이었다. 대개 이 호미는 첫 두레일까지 걸어두는 것이 관례였고, 그 시기는 대개 2월 하래아드렛날(2월 초하루), 혹은 2월의 머슴날이었다.

호미걸이는 두레 최고의 축제로서 1년 농사의 실제적 마무리가 되는 7월 15일을 전후하여 행해지는 행위이다. 호남지역은 호미씻이라고 하는

데, 이는 농사가 끝나 호미를 씻는다는 의미로서 경기지역에서는 이를 호미걸이라고 하는데, 두레기의 버릿줄에 호미를 걸어두기 때문이다.

한편 두레기는 마을의 자긍심이자 두레의 상징, 표상이다. 따라서 두레와 관련된 의례도 우선적으로 이 기를 모시는 일로 집중된다. 두레기는 흔히 농기라고도 부르지만, 지역별로는 용당기, 용덕기, 덕석기, 용술기, 서낭기, 대장기, 농상기 등으로 다양하게 부르며 '농자천하지대본', '신농유업神農遺業' 등의 글자와 용의 그림이 그려지기도 한다. 용은 수신을 나타내는 것으로 논농사지역의 관행이다. 두레기는 마을에서 가장 힘센 장정만이 들 수 있을 만큼 큰 기로 두레의 움직임이 있기 전에는 항상 풍물을 올려 고사를 지내고, 일터에도 기를 세워두며 옮길 때도 기를 앞세우고 길군악을 친다.

두레기는 큰 대나무 장대에 달며 꼭대기에는 꿩장모기라 해서 꿩털로 만든 깃봉을 꽂고 그 밑에 총을치(칡껍질)를 달고 3개의 버레줄을 달아 말둑으로 고정시켜 세워둔다. 두레기는 매우 존엄한 것이어서 말을 탄 양반들도 두레기 앞을 지날 때는 그냥 지나가지 못하고 말에서 내려야 하였다고 하는 것을 보면 이는 조선후기 두레의 위세와 반 신분적 성향과 위상을 예감하게 하는 대목이다.

두레기가 두레의 상징이자 권위였던 탓으로 마을간에 두레기 뺏기싸움이 벌어지면 현전이 일어나기도 했고, 사당패가 마을에 놀이판을 만들 때도 먼저 두레 기에 인사를 드려야 했다고 한다. 또하나 흥미로운 것은 두레의 형성과 분화를 반영하는 형두레와 아우두레의 기세배 놀이라든가, 이웃마을의 두레를 보면 북을 둥둥쳐서 상호 인사를 하는 관행도 여러 곳에서 조사되고 있다.

4) 두레의 대동大同회의

두레는 물론 공동노동, 생산조직이라는 1차적인 목적을 가진다. 그러나 그와 함께 그 구성원들이 바로 농민층이었다는 사실을 염두에 두면, 과연 풋풋한 이들 민중들의 의사결정 과정이나, 내용이 어떠했었는지는 매우 궁금하기만 하다. 두레의 회의는 두레 굿의 제의와 결부된 대동회의로서 파제 후 음복과 함께 이루어지는 것이 보통이다.

두레가 농업생산조직이었기 때문에 농신에 대한 제의도 중요했지만, 보다 본질적으로는 두레의 임원선출과 회계, 그리고 이들이 바로 마을의 공동체적인 운영에 실질적으로 기능하는 청장년집단이었기 때문에 마을 관련사항이 회의의 주된 내용이었다. 회의는 후대에는 주로 유사집(도가집)에서 이루어진 것으로 조사되지만, 원래는 두레군의 집회소인 농청農廳에서 이루어졌었다.

두레 회의는 전후로 구분한다면 전회의는 농사준비회의로서 2월경에 이루어지고, 여기서는 1년 농사의 대소사를 결정하였다. 즉 두레의 재조직 및 역원선출, 신입례와 신참례, 농사 순서결정, 두레 셈의 기본원칙 확인, 농악기나 보수 구입, 품앗이와 품싹결정, 호미모듬 의례준비 등이었다. 두레 농사후의 회의는 한해의 결산, 상호부조, 농악기 보수, 마을 살림, 마을의 대소 공사(길닦기, 풀베기) 해결 등이었다.

의사결정은 완전히 민주적인 방법으로 진행되었고, 상부상조의 측면에서 의례적이고 균분적인 사족들의 부조와는 다른 모습의 결정들이 보인다. 예컨대 과부, 노인, 환자가 있는 집안이나 어린아이만이 있는 집의 농사를 두레가 거들어 주고 있고, 마을 전체적인 노역에 인력을 제공함으로써 공동체적 삶의 유지를 우선하고 있다.

5. 맺음말–자치·자율의 공동체 생활문화

이상에서 필자는 전통마을의 자치와 자율의 모습을 간략하게 개관하였다. 주지하듯이 전통마을 문화는 자율, 평등, 공생의 공동체 생활문화였다. 이러한 마을의 조직적 전통은 이름은 조금 달라졌지만 현재까지도 존속해 온다. 그런데 이러한 마을조직들은 자연발생적으로 공동체적인 삶의 필요에 의하여 생겨난 것들이며, 그렇기 때문에 운영이 매우 민주적이었고, 실질적이었다.

1) 민주적 의사결정 : 촌계村契와 대동계, 그리고 두레의 모습에서 보이는 것처럼 우선은 민주적 대동회의와 의사결정이 기본이다. 전 주민 참여하여 마을의 여러 가지 일들을 함께 논의하며, 결정하는 주민전체회의의 모습이 일반적이다. 그리고 그것이 반드시 투표라든가, 투표권이 중요한 것은 결코 아니었다. 그 보다 오히려 경험, 관습, 전통의 계승이라는 측면과 각기 맡은 바 분담 역할의 철저한 이행을 전제로 하는 공동생활체로서의 삶 그 자체였다.

공동체 마을신앙, 생업경제와 노동관행, 마을민의 대동단결과 결속, 동재와 동물 운영(서당, 상여, 우물, 무당, 야장), 상부상조와 환과고독 진휼, 공동시설의 관리 등등 제반사가 자연스럽게 마을 회의에서 논의되고 결정되었다. 그리고 세월의 흐름에 따라 변경된 규율은 추약追約의 형태로 추가되고 보완 정리되었다.

두레의 예를 보면, 두레 회의는 두레 굿의 제의와 결부된 대동회의로서 파제 후 음복과 함께 이루어지는 것이 보통이다. 회의사항은 두레의 임원선출과 회계, 마을관련 사항이 회의의 주된 내용이었다. 두레 회의는 전후로 구분한다면 전 회의는 농사준비회의로서 2월경에 이루어지고, 여기서는 1년 농사의 대소사를 결정하였다. 즉 두레의 재조직 및 역원선출, 신입례와 신참례, 농사 순서결정, 두레 셈의 기본원칙 확인, 농악기나 보수 구입, 품앗이와 품싹 결정, 호미모듬 의례준비 등이었다. 두레 농사후의 회의는 한해의 결산, 상호부조, 농악기 보수, 마을 살림, 마을의 대소공사(길닦기, 풀베기) 해결 등이었다.

의사결정은 완전히 민주적인 방법으로 진행되었고, 상부상조의 측면에서 의례적이고 균분적인 사족들의 부조와는 다른 모습의 결정들이 보인다. 예컨대 과부, 노인, 환자가 있는 집안이나 어린아이만이 있는 집의 농사를 두레가 거들어 주고 있고, 마을 전체적인 노역에 인력을 제공함으로써 공동체적 삶의 유지를 우선하고 있다.

2) 평등과 공평성(합리성) : 마을 조직에서 보이는 큰 특징은 우선 평등원칙이다. 마을구성원은 누구나 동등한 책임과 권한을 가지면서 참여하고, 권익을 분배받는다. 상부상조의 부담이나 지원, 호역의 균배, 공동노역 등등에서 마을민은 동등하다.

그러나 이러한 물리적 단순 평등보다 더 상위의 '공평의 개념'이 마을사회에는 존재한다. 경제적 능력과 신분, 기타 공지되는 능력에 따라 '공평'의 지혜와 자율적 참여가 보장된다. 예컨대 소지, 성금(모연), 걸궂, 두레 등에서 분등과 수분의 관념적 룰이 존재했던 것이다. 그리고 그러한 그에 걸 맞는 참여와 부담이 있어야 했다.[10)]

---

10) 금산 상곡리(보거리) 보계洑契의 경우 보 쌓을 때의 비용 분담 사례를 보면, 3마

그것이 오히려 공생의 지혜요, 공평의 철학이었으며 그렇게 하여 얻어지는 지도력과 권위 영향력, 어른스러움은 마을을 지탱하는 리더-십의 배경이 되기도 했다. 그런가하면 이와 짝하여 환과고독과 같이 생활이 어려운 이웃이나, 급작스런 피해자의 경우는 구휼은 물론 부담을 경감하거나 제외하는 전통이 있었다.

3) 결속과 공생을 위한 자치자율 : 공동체를 유지하고 결속하기 위한 엄격한 규제와 규율, 자치의 전통을 지켜왔다. 전통마을의 자치규율은 불문율이고 금기와 같은 관습법이지만, 마을공동체의 유지와 결속에 해가 되는 행위에 대하여는 반상도 초월하는 막강한 영향력도 발휘하는 매우 엄한 초법적 규제이기도 하였다.

특히 신앙공동체로서의 금기가 철저하게 지켜졌고, 동사洞事에 태만하거나 패륜아는 '출계黜契'가 아닌 '출동黜洞'의 조처가 취해지기도 하였고,[11] '수화불통水火不通'의 벌칙으로 동반생활에서 격리시키기도 하였다. 이와 관련하여 금산 상곡리(진의말) 송계의 풀령[12](강성복 03-05년 조사자료, 미발표).은 매우 주목되는 사례인데, 모내기를 위한 바닥 풀을 벨 때, 일정 시기에 영을 내려 마을민 전체가 동시에 풀을 벰으로써 불필요한 경쟁과 자원의 관리를 도모하고 있다. 이 경우 풀을 베는 자에게는

지기 미만인 경우는 1인 품을 부담하고, 4-6마지기는 1인 품에 더하여 예주(술 한동이), 10마지기 이상인 경우는 1인 품에 예주, 그리고 기금까지 내어야 했다(강성복 03-05년 조사자료, 미발표).

11) 영암 구림의 대동계나 완도의 동내 완문이 그러한 예가 될 것이다(이해준, 『조선시기 촌락사회사』 참조).

12) 강성복, 2001, 『금산의 송계』, 금산문화원.

일종의 입산허가증인 화인火印을 송계에서 주는데, 산주까지도 이 풀령을 지켜야 하였다고 한다.

4) 조직의 관리와 결속도모 : 조직운영에서 우선은 철저한 역할 분담의 전통이 있었다. 자격과 공평을 담보로 하는 조직 임원의 선정은 매우 중요하였다.

두레의 경우 조직의 효율성을 기하고 역할을 분담, 통솔하기 위하여 임원과 유사를 두는데, 지금까지 조사된 결과를 보면 영상과 좌상으로 불리는 노령의 감독 및 지도 고문이 있고, 그를 보좌하거나 각종의 보조 역을 하는 우상, 문서잽이, 공원(유사), 그리고 실제적인 두레패의 지휘자로서는 총각대장(총각대방 : 수머슴)이 있었다. 보조역인 우상은 좌상을 보좌하며, 공원은 대개 밥 공원과 논 공원으로 구분하는데, 논 공원은 두레패가 동원되는 농지의 조건을 구분하여 노역가를 산출하고 밥 공원은 식사를 조달하였다.

한편 두레의 꽃인 총각대방은 두레조직의 효율적 운영과 통솔을 맡은 사람으로 힘이 세고 영리하며, 우스개 소리 잘하는 사람, 통솔력이 있어 군기를 잡거나 체벌도 가할 수 있는 정도의 권위가 있어야 했다. 지역에 따라 총각, 수머슴, 총각대장, 총각좌상 등으로도 불렸다. 총각대장에게는 소동패가 소속되기도 하였는데, 이들은 아직 두레에 가입하지 않은 아이들로 뒷일, 보조 일을 맡는 두레의 예비대라고 할 수 있었다. 특별히 소임(총각소임)이라고 하여 군기단속과 체벌을 책임진 사람을 별도로 두기도 하였고, 식화주라고 하여 밥 나르는 일을 맡은 사람도 있었다.

한편 흔히 주먹다듬이로 통칭되는 가입례가 철저하였는데, 대표적인 것이 들독들기와 진세턱이다. 이 신입례는 두레에서 1인의 동등한 노동력 인정 절차이자 성년식 통과 의례라고도 할 수 있다. 들돌들기와 신입례는 두레조직의 세대교체와 생산력 제고, 구성원사이의 연대를 목적하는 것이었다.

5) 말단 행정자치의 단위 : 19세기 거제 곤리도 마을문서[13]는 주민자치의 전통과 구체적 내용을 전해주는 자료인데, 이중 주목되는 것이 등장이다. 주로 19세기의 자료들로 내용은 대부분이 부세문제와 관련된 문서들로, 관리들의 침탈에 대한 처벌과 세금의 과다 징수에 대한 감면 요청, 경제 현상의 변화에 따른 세금액수의 조정 문제 등이 바로 생생한 자료로 남아 있다. 이밖에 전염병으로 인한 마을 황폐화, 유랑배의 섬 이주로 인한 횡포와 패륜, 출동문제, 주민변동 보고, 방품림 문제, 민속제의 관련 등으로 매우 다양하다. 완도의 차우리 마을의 동계에서 지출한 경비의 내역[14]을 보면

① 洞中에 부과된 각종 租稅 부담
② 洞中에 부과된 烟役·戶役·雜役 분할
③ 인근 지역 지방 관리와 그 예하인들에 대한 보수 및 접대비 부담
④ 面里의 행정업무를 추진비 부담
⑤ 주민을 위한 男士堂과 歌客 초대 비용

---

13) 이해준, 조선후기에 있어서 촌락문서의 생산과 관리, 『한일고문서의 보존과 관리 세미나』 발제문, 2004.

14) 『車牛里 洞契冊』 「下記」(1862년~1927년). 김경옥, 19세기 金塘島 車牛里 木契의 조직과 기능, 『고문서연구』 29집(한국고문서학회, 2005)

⑥ 書契 · 書堂 · 鄕校의 교육비 지원

⑦ 내외 漂流民 乞惠

⑧ 금당도내 泉井 · 船艙 · 舊堰 · 水門 · 金鼓 등의 수리비 지원

등으로 이들 마을이 하나의 행정자치조직으로서 기능을 하기도 하였음을 잘 보여주고 있다.

참고문헌

고석규. 1990.「18,19세기 봉건모순의 심화와 '민'의 성장」.『역사와 현실』 3.

김인걸. 1990.「民狀」을 통해본 19세기 전반의 향촌사회문제」.『한국사론』 23.

김필동. 1992.『한국사회조직사연구』. 일조각.

박경하. 1993.「조선후기 촌락민조직과 촌계」.『정신문화연구』 53호.

이규대. 1990.「19세기 동계와 동역」.『조선후기 향약연구』. 민음사.

이태진. 1989.「17.18세기 향도조직의 분화와 두레발생」.『진단학보』 67.

이해준. 1985.「조선후기 장흥 방촌의 촌락문서」.『변태섭박사화갑논총』. 동위원회.

______. 1988.「조선후기 영암지방 동계의 성립배경과 성격」.『전남사학』 2집. 전남사학회.

______. 1989.「조선후기 향촌사회질서의 변화와 기층민문제」.『대구사학』 37.

______. 1990.「조선후기 동계·동약과 촌락공동체조직의 성격」.『조선후기 향약연구』. 민음사.

______. 1991.「조선시대 향도와 촌계류 촌락조직」.『역사민속학』 창간호. 역사민속학회.

______. 1993.「조선후기 촌락구조 변화의 배경」.『한국문화』 14집. 서울대 한국문화연구소.

______. 1994.『조선시기 촌락사회사』. 민족문화사.

. 1996.「부여지역의 촌락변천과 민속문화」.『역사민속학』 7집. 역사민속학회.

______. 2001.「생활사연구의 역사민속학적 모색」.『역사민속학』13집. 한국역사민속학회.

______. 2002.「농촌문화·지식자원의 활용방향」.『농촌생활과학』 23권 3호. 농촌진흥청.

______. 2003.「마을사 조사와 보고. 어떻게 할 것인가」.『민속문화』12집. 안동대 민속학연구소.

정승모. 1991.「조선시대 향촌사회의 변동과 농민조직」.『역사민속학』1.

정진영. 1993.「조선후기 촌락의 구조와 분동」.『국사관논총』47.

일제의 식민지 지배와 마을문화의 해체

이 윤 갑

1. 머리말

우리 사회에 '세계화'라는 용어가 등장한 지는 그리 오래되지 않는다. 그럼에도 불구하고 이제 '세계화'는 어느 누구도 회피할 수 없는 삶의 조건이 되고 말았다. 돌아보면 우리의 일상생활 어느 구석도 '세계화'로부터 자유로운 곳은 없다.

'세계화'란 무엇인가? '세계화'의 핵심은 경제의 세계화이다. 경제의 세계화를 말하면 흔히 자유무역을 연상하지만 그것은 피상적인 이해에 지나지 않는다. 캐나다의 부수상을 역임한 폴 헬리어는 '세계화'를 다음과 같이 규정한다.

"세계화는 무역에 관한 것이 아니다. 그것은 힘과 통제에 관한 것이다. 그것은 가장 강력한 중앙은행들과 상업은행들 및 다국적기업들의 독재가 지배하는 국경 없는 세계를 만들어내는 일이다.[1]"

즉 '세계화'는 초국적자본의 세계 지배가 확대되는 과정에 다름 아니고, 그 지배는 경제의 영역을 넘어 생활세계 전반에 미친다는 것이다. '세계화'의 핵심을 간명하게 드러낸 이 설명을 보면 왜 '세계화'에 대한 지지와 비판이 극단적으로 대립하는가를 알 수 있다. 초국적자본의 이해를 옹호하는가, 아니면 그것에 대해 저항하는가에 따라 지지 혹은 비판으로 입장에 달라지는 것이다.

'세계화'의 확대는 전지구적 차원에서 생태환경의 악화와 파괴, 공동체와 가정의 해체, 사회적 불안정과 불평등의 심화, 인종간 분쟁, 빈곤, 폭력, 범죄의 증가, 민주주의의 약화, 패권주의적 침략과 민족갈등의 심화 등등의 심각한 사회문제를 야기했다. 이러한 사태는 '세계화'가 반생명, 반인간화로 치닫고 있음을 명확히 드러낸다. 자본주의의 기본 속성이 인간 소외와 도구화라는 점에 주목하면, 그 극대화라 할 '세계화'가 이러한 모순을 표출하는 것은 당연한 귀결이라 할 것이다.

우리들의 일상적인 생활과 관련해 살피면 '세계화'는 우리에게 인간적인 자율성과 주체성, 문화적 개성과 다양성을 부정하고 대신 초국적자본의 요구와 획일적 기준을 받아들이라 강요한다. 또한 '투자하기 좋은 환경조성'을 명분으로 신자유주의에 의거해 자본의 일방적 지배가 관철되는 패권주의적 사회질서를 수립하도록 압박한다. '세계화'의 힘은 삶의 방식에서도, 사회구성에서도 자본주의적 가치가 절대적 우위를 점하게

---

1) 헬레나 노르베리-호지, 「세계화의 질곡과 풀뿌리 공동체」, 『녹색평론』 제49호 (녹색평론사, 1999년 11-12월호)에서 재인용.

한 반면 인간을 소외시키고 있다.

이로 인해 '세계화'가 확대되자 동시에 그것의 반생명성과 반인간성에 저항하는 반세계화 운동 또한 전지구적으로 확산되었다. 반세계화운동 또한 '세계화'에 대한 소극적 방어운동이나 권익수호 차원의 생존권투쟁에서 시작해 그 스펙트럼이 매우 넓지만 그 선진적 부분은 '세계화'로 극단에 이른 자본주의적인 근대적 생활방식과 사회구성을 전면적으로 대체할 새로운 삶의 방식과 공동체적 사회구성을 모색하는 운동으로까지 나아가고 있다.

반세계화운동의 선진적 부분이 대안적 삶의 방식과 사회구성으로 중시하고 있는 것은 풀뿌리 공동체운동이다[2]. 풀뿌리 공동체 운동은 지역주민들의 자발적 노력에 의거해 경제적으로, 정치 · 행정적으로, 교육 · 문화적으로 자율적이고 생명적이고, 개성 있는 지역공동체를 형성하는 운동으로, 이를 통해 '세계화'가 유린한 삶에 대한 주체성 혹은 자율성을 되찾는 운동이다. 풀뿌리 공동체운동은 직접적인 생활터전인 지역공동체의 재구성에 머물지 않고, 동시에 이를 토대로 생명, 자치, 평등, 연대, 평화가 실현되는 국가사회의 재구성과 세계질서의 재구성을 추구한다.

반세계화운동으로서의 풀뿌리 공동체운동 또는 주민자치운동은 이미 세계 전역에서 활발히 시도되고 있다. 이 운동은 '세계화'를 극복할 대안

2) 반세계화운동으로서 풀뿌리 공동체운동의 의의와 현황에 대해서는 강수돌, 「IMF 시대 — 삶의 위기를 삶의 기회로」, 『녹색평론』 제39호(녹색평론사, 1998년 3-4월호); 가라타니 코진, 「NAM과 지역통화」, 『녹색평론』 제65호(2002년 7-8월호); 이병수, 「삶의 진보와 자치」, 『민족문화논총』 26집(영남대 민족문화연구소, 2002. 12.); 이윤갑, 「현대의 문명사적 위기와 새로운 선택」, 『민족문화논총』 26집(영남대 민족문화연구소, 2002. 12.); 헬레나 노르베리-호지 외, 「세계화에서 지역화로」, 『녹색평론』 제75호 (2004년 3-4월호) 참조.

으로 최근에 새롭게 주목되고 있지만, 역사적으로 살피면 현대에 들어 새로 출현한 것은 아니다. 자본주의 시장경제체제가 사회 전반을 장악하기 이전 시기로 눈을 돌리면 풀뿌리 공동체는 세계 여러 지역에서 광범하게 형성되어 있었고 발달해 왔다. 이 풀뿌리 공동체들은 모두 자본주의가 근대국가를 형성하는 과정에서 파괴되고 해체되었다.

물론 반세계화운동으로서 풀뿌리 공동체운동은 전근대의 공동체를 복원하는 것이 아니다. 그것은 현실적 의미를 지니지 못하며 불가능하다. 반세계화운동으로서의 풀뿌리 공동체운동은 자본주의에 의해 해체당하는 공동체가 아니라 자본주의체제를 극복할 공동체운동을 모색하고 있다. 그렇더라도 인간과 생명, 소통과 조화를 삶과 사회구성에서 중심적 가치로 삼았던 전근대의 풀뿌리 공동체운동의 핵심은 현대의 풀뿌리 공동체운동에서도 여전히 계승되고 보존되어야 한다. 뿐만 아니라 전근대의 풀뿌리 공동체운동은 세계화를 극복할 풀뿌리 공동체운동을 발전시키는 데 기여할 문화적 자산과 방안들도 풍부하게 지니고 있다.

우리 역사만 보더라도 수백 년에 걸쳐 수준 높은 주민자치를 발달시켜 온 경험이 있고, 그 과정에서 풍부하게 형성된 주민자치의 철학과 사상, 제도와 문화 등이 소중한 문화적 자산으로 남아 있다. 그 자산을 집약하고 있는 것이 자치공동체로 장기 지속되면서 발달해 왔던 우리 전통의 마을과 마을문화이다.

따라서 반세계화운동으로서 풀뿌리 공동체운동을 발전시키기 위해서 우리 전통의 마을과 마을문화를 연구하는 것은 필수적이다. 그러나 이 연구가 반세계화운동으로서의 풀뿌리 공동체운동이 '세계화'에 대한 체계적인 대안운동으로, 현실성 있는 실천운동으로 발전할 수 있게 기여하자면 다음 두 가지 점에 유의해야 한다.

하나는 마을과 마을문화를, 달리 말해 사회구성과 삶의 방식을 하나의 체계로 통일적으로 이해하는 것이다. 이는 마을사람과 마을을 분리시키지 않고 통일적으로 파악하는 것을 의미하며, 또한 삶의 구성하고, 동시에 마을을 구성하는 여러 요소들을 분절시키지 않고 유기적으로 연관시켜 이해하는 것을 의미한다.

다른 하나는 일제의 식민지 지배가 강요한 자본주의화 과정에서 전근대의 마을공동체가 어떻게 해체되며, 동시에 그를 대신해 자본주의적 시장체제에 적합한 근대적 촌락 질서가 어떻게 형성되며 구조화되는가에 주목하는 것이다.

2. 한말의 마을문화와 소통체계

근대 이전의 전통사회에서 국가사회의 토대를 이룬 것은 마을이었다. 국가 통치의 관점에서 보면 마을은 실질적인 행정단위이자 공동납제로 부세를 수취하는 기초단위였고, 주민의 관점에서 보면 자족적 생존이 이루어지는 사회적, 경제적, 문화적 생활공동체였다. 한말의 마을은 행정적 관점에서는 여러 개의 자연촌을 하나로 아우르는 지역촌으로 파악되었다. 그러나 생활주체인 주민의 관점에서 보면 마을은 그 각각이 하나의 자족적 생활단위를 이루는 자연촌이었다.

자연촌이 마을을 이루는 기본 단위가 되는 것은 16,7세기경이었다. 그 이전에는 마을의 규모가 이보다 훨씬 컸다. 자연촌이 자족적인 생활단위로 될 수 있게 한 것은 이 시기 들어 널리 보급된 이앙법移秧法과 견종법畎種法 등 토지생산성을 획기적으로 높인 집약농법이었다. 집약농법의 발달은 토지생산력을 높여 촌락인구의 증가를 가져왔고, 이러한 변화가 자연촌락을 독자적인 생활공동체가 될 수 있게 하였다[3].

마을을 호혜적인 공생공동체로 구성할 수 있게 한 조건과 힘은 무엇이었던가? 우선 그것은 기본적으로 마을을 생활공동체로 유지하고 발전시키려 한 주민들의 자발적인 노력에서 나왔다. 전근대 사회에 있어 개별 가호는 생산력 수준이나 정치·사회적 조건에 제약되어 촌락공동체에 소속되어 그 정치적 보호를 받고, 그 일원으로 생산에 참여해야만 생존이 가능하였다. 그런 까닭에 촌락사회의 구성원들은 공생을 위한 공동체적 관계와 제도, 관습 등을 만들고, 공동체 정신과 윤리의식을 함양하는 문화와 의례나 의식儀式을 발달시켜 왔다.

이러한 노력의 결과로 제도화 된 것이 다양한 종류의 계, 성황신이나 산신에게 마을의 안녕과 풍농 혹은 풍어를 기원하는 동제, 집단적인 오락 행사 등이었다. 마을에는 다양한 종류의 계가 발달해 있었다. 계는 특정한 목적을 이루기 위해 주민들이 자발적으로 만든 결사체였다. 향도香徒나 동제계洞祭契, 학계學契 등 종교·교육·문화적 필요에서 만들어진 것도 있고, 오락을 위해 만들어진 것도 있으며, 식리계殖利契나 우계牛契, 보계洑契, 수리계水利契, 송계松契 등등 경제적인 목적을 위해 만들어진 것도 있으며, 동계나 농계(두레) 등과 같이 복합적인 성격을 띠는 계도 있었다. 계의 규모는 그 목적에 따라 소수의 몇 사람이 참여하는 것에서부터 촌계처럼 마을주민 전체가 참여하는 것, 나아가 동계와 같이 지역촌

3) 이해준, 『조선시기 촌락사회사』(민족문화사, 1996) 제3장 참조.

을 단위로 하는 대규모의 것도 있었다.

계는 그 대부분이 자발적으로 만들어졌기 때문에 그 구성원들 사이의 관계가 평등하고 친밀했으며, 의사소통도 쌍방향으로 활발히 이루어졌고, 의사결정도 완전 합의제나 다수의 의사를 존중하는 방식으로 이루어졌다. 계의 조직으로는 대표격인 좌수가 있고, 실무를 맡는 유사 등의 임원이 있었다. 대표와 임원은 구성원들이 호선하는 경우가 많았다. 주민들은 생활상의 필요에서 3, 4개 이상의 다양한 계에 참여하여 활동하였고, 이러한 활동은 마을을 호혜적으로 상부상조하는 협동 공동체로 만드는 사회적, 정신적, 물질적 기반이 되었다[4].

이러한 계 가운데서도 특히 주목할 것은 부락민 전체가 참여하는 촌계村契와 마을 농민 대부분이 참여하는 두레였다. 촌계는 마을의 자치를 위해 결성된 계였다. 촌계는 또한 이웃 간에 상부상조하고 인륜을 지키며 화합하며 살아가는 마을 차원의 질서와 윤리, 규범을 만들고 유지해가는 조직이었다. 또한 촌계는 주민 공동의 이익에 관한 사안을 결정하였고, 마을의 안녕과 풍요를 기원하고 마을의 화합을 도모하는 동제를 주관하였다. 촌계는 주민들로부터 계금을 거두어 필요한 재정을 충당했으며, 임야나 전답 등을 재정원으로 소유하기도 하였다. 촌계의 재원은 처지가 어려운 이웃을 돕거나 마을 내에서 자금이 필요한 사람에게 대출되기도 하였다[5].

두레는 농계農契로 불리기도 한 것으로 이앙법이 보급되면서 발달하기 시작하였다. 주로 모내기나 김매기 등 협업으로 생산성을 높일 필요가

4) 김필동, 『한국사회조직사연구』(일조각, 1992) 참조.

5) 이해준, 앞의 책, pp. 100-116 참조.

있는 작업을 수행하는 공동노동조직으로 자연촌을 단위로 결성되며 그 마을 농가의 성년남자가 모두 참여한다. 공동노동을 효과적으로 수행하기 위해 만들어졌던 까닭에 두레는 다른 계 조직에 비해 조직체계가 정연하고, 규율이 엄격하며, 조직성원들 사이에 연대가 강하고, 실행력이 뛰어나다. 그러면서도 두레는 그 구성원들 사이의 관계가 매우 평등하였다. 두레는 공동노동조직이었지만, 동시에 마을을 대표하는 행동조직이자 집단오락조직으로도 활동해 마을 전체의 결속을 다지고 외부의 위협으로부터 마을을 지키는 역할을 담당하였다.

혼사나 장례를 위한 결성된 혼장계婚葬契도 마을의 호혜적 협동관계를 발전시키는 데 주요한 역할을 담당했다. 혼장계는 그 자체가 상부상조 조직이지만 동시에 혼사나 장례와 결합된 공동의 오락과 어울림을 통해 마을의 결속과 화합을 높이는 역할도 담당했다. 혼장계는 마을 내에서 한 해 동안 치루는 수십 번의 혼례나 상례를 이웃 간에 호혜적 협동관계를 기르고 이어가는 장이 되게 하였다.

다음으로 마을을 부세수취단위로 편성했던 국가의 부세수취체제도 마을을 생활공동체로 결속시키는 데 일정하게 작용하였다. 전근대 사회에 있어 국가는 그 자체가 하나의 사회・경제적 공동생존 단위를 이루었던 촌락을 부세수취단위로 편성하여 지배하였다. 17세기 이후가 되면 국가는 부세수취단위를 지역촌으로 설정하게 된다. 지역촌 단위로 수취할 부세의 총액을 정하고 그것을 공동책임으로 납부하게 하는 이총제里摠制를 실시하였다. 지역촌에서는 이것을 다시 자연촌으로 나누어 할당하고 이를 마을 단위로 공동 책임을 지고 납부하게 하였다. 행정적으로는 지역촌이 수취단위였으나, 실제는 자연촌이 수취단위가 되었다.

이러한 부세수취체제는 마을 내부에 공평한 부세배분을 위한 협의 체계를 발전시키고, 군포계軍布契 혹은 군포전과 같이 공동납을 위한 협동활동을 촉진시켰다. 또한 공동납제도는 호구나 토지에 결손이 생기면 그만큼 주민들이 나누어져야 할 부담이 커지기 때문에 마을공동체로 하여금 이웃에 대해 관심을 가지고 상부상조하지 않을 수 없게 하였다.

그러나 동시에 이러한 부세수취체제는 마을을 해체 내지 붕괴시키는 요인으로 작용할 소지도 있었다. 마을이 감당할 수 없을 정도로 부세가 증가하는 경우가 그러했다. 흉작에도 불구하고 면세나 감세조치가 취해지지 않거나, 구조적인 원인이나 가렴주구 등으로 인해 부세 수취량이 절대적으로 증가하거나, 혹은 전염병이나 흉작으로 인해 유망이 늘어나 담세인구가 급감했을 경우 그러한 사태가 일어났다. 그러므로 마을공동체가 장기적으로 지속되기 위해서는 국가의 부세수취를 적정한 수준에서 유지될 수 있도록 국가기구를 상대를 조정, 관리하는 역할이 반드시 필요했다. 이러한 역할과 관련해 다음으로 살필 재지 사족층이 주목된다.

마을공동체가 장기간에 걸쳐 안정적으로 지속될 수 있게 한 또 다른 요인으로 주목할 것은 재지 사족층의 역할이었다[6]. 재지 사족층은 세 가지 측면에서 중요한 역할을 담당하였다. 첫째는 국가의 부세수취와 관련된 조정 역할이었다. 조선사회에서 지배층을 형성했던 재지사족층은 향청에 참여하거나, 직접 중앙정부를 상대로 국가정책과 지방행정의 불합리를 규탄하고 지방 관리의 부정부패를 고발하고 시정하는 방법 등을

6) 이태진, 『조선유교사회론』(지식산업사, 1989) pp. 133-142 참조.
김준석, 『한국 중세 유교정치사상사론 Ⅰ』(지식산업사, 2005) p. 202, pp. 382-384 참조.
이해준, 앞의 책 pp. 218-226 참조.

통해 부세수취가 마을을 해체할 정도로 과중하게 증가되지 못하게 조정하고, 관리하는 역할을 담당하였다. 그러한 활동은 동시에 자신들의 경제기반을 안정시키기 위한 노력이기도 하였는데, 마을은 그러한 역할 덕분에 생활공동체로 안정될 수 있었다.

둘째는 성리학적인 향촌질서와 생활문화를 보급하고 확대하려 노력한 것이었다. 고려시기와 달리 관인이 아닌 지배층 신분으로 향촌에서 생활하였던 재지 사족층은 주자朱子의 향약론에 의거해 마을을 윤리적인 동약洞約 공동체로 발전시키고자 노력하였다. 동약은 사족들의 동족부락에 한정해 실시되거나, 상·하 합계合契 형태로 동족부락을 중심으로 하나의 사회적 세력권을 이루는 몇 개의 자연촌을 아우르는 형태로 실시되었다. 재지 사족층의 향약 공동체를 만들기 위한 이러한 시도는 16세기부터 시작되어 한말까지 계속되었다. 이러한 노력은 마을공동체가 보다 안정된 체계를 갖추고 윤리적인 공동체로 성장하는 데 기여하였다. 물론 이들의 노력이 마을공동체를 발전시키는 데 반드시 긍정적으로만 작용한 것은 아니었다. 이들이 향약을 통해 신분적 지배와 차별 질서를 강화하려 할 경우 그것은 마을공동체의 자율성과 자립기반을 약화시키는 부정적 결과를 가져왔다.

셋째는 병작제 경영을 통한 경제적 역할이었다. 조선 중기 이래로 생산력이 발전함에 따라 토지 겸병이 일어나고 그로 인해 무전농민이 대량으로 발생하는 것이 불가피한 추세가 되었다. 토지겸병의 주체는 주로 양반지배층이었고, 이들에 의해 겸병된 토지는 17세기경이 되면 피지배층을 작인으로 두어 지대를 수취하는 병작제 방식으로 경영되었다. 그로 인해 마을 주민의 다수는 작인의 처지로 살아갔다. 따라서 이러한 조건에서 마을이 생존공동체로 존속할 수 있기 위해서는 지대 수취가 최저수준에서나마 작인들의 재생산을 보장하는 수준에 머물러야 한다. 그 한계를 넘어 설 경우 농민 유망이 불가피해지고 마을은 해체될 수밖에 없다. 조선 후기 사회에서 작인들에게 이러한 소작조건을 제공한 것이 재지 사족들의 병작제 경영이었다.

병작제는 지주와 작인이 계약을 맺어 결합하는 생산 방식으로 지주와 작인이 반드시 신분적 예속관계로 결합될 필요는 없었다. 지주는 토지와 종자를 제공하고 작인은 노동력과 기타 농경비용을 부담하는데 그 수확물은 양측이 반씩 나누어 갖는다[7]. 재지 사족층은 자신들의 경제적 기반이 되었던 병작제를 경영함에 있어 자신들이 성인으로 추앙했던 주자의 지주전호제론에 영향을 받았다. 주자는 이상적인 지주와 작인의 관계를 전호(佃戶=作人)가 전주(田主=地主)를 침범하지 않고, 전주 또한 전호를 요학撓虐하지 않는 것이라 하였다. 전호는 전주에 의지해 가구를 양활養活하고, 전주 또한 전호에 힘입어 가계를 넉넉히 하기 때문이었다[8]. 성리학을 삶의 원리로 삼고자 했던 재지 사족층은 대체로 이 한계를 크게 넘지 않는 수준에서 병작제를 운영하려 했고, 아울러 경제적으로 취약한 작인층에 대해 개별적인 진휼활동이나 지원을 하기도 했다. 마을은 이러한 경제적 조건 속에서 유지될 수 있었다.

이와 관련해 마을을 유지할 수 있게 한 또 다른 경제적 조건으로 환곡제도를 들 수 있다. 당시 농업은 수리조건이 불비한 탓으로 흉작이 잦고

---

7) 김건태, 『16−18세기 양반지주층의 농업경영과 농민층 동향』(성균관대대학원 박사학위논문, 1997) pp. 57-65 참조.

8) 이태진, 앞의 책, p. 83 참조.

생산력이 안정되지 못했다. 그럼에도 불구하고 부세의 감면은 농업생산의 변동을 즉각 반영할 수 있을 만큼 신속하고 유연하게 이루어지지 못했다. 그로 인해 마을 주민의 대다수를 점하는 소농들은 종종 양식과 종곡을 확보하기 어려운 위기를 맞았다. 특히 그 위기는 흉년이 될 경우 상부상조로 해결할 수 있는 수준을 훨씬 넘어서는 것이었다. 이 경우 마을의 해체를 막았던 것이 환곡이었다. 조선후기 환곡이 재정원으로 변질되면서 온갖 폐단의 온상이 되었지만 끝내 폐지될 수 없었던 이유는 바로 이 때문이었다.

조선후기의 마을은 이상의 여러 요소들이 순기능적으로 결합함으로써 호혜적인 공생공동체를 형성할 수 있었다. 다시 정리하면 마을은 자연촌을 독립적 생활단위로 발전시킨 이앙법, 견종법 등의 집약농법과 낮은 수준의 생활이나마 안정적으로 재생산을 보장하는 병작제도, 그리고 자연적, 사회적 재난을 구호하는 자체의 상부상조제도와 환곡 등의 국가적 구휼제도를 주된 경제적 기반으로 삼아 성립하였다. 정치, 행정적으로는 중앙정부나 지방관을 상대로 촌락을 보호하고 성리학적 향촌질서를 확립하려 했던 재지 사족층의 정치적, 행정적 역할이 마을을 존속할 수 있게 한 울타리가 되었다. 이러한 정치 경제적 조건을 기반으로 주민들이 생활상의 필요를 해결할 다양한 사적, 공적인 계를 발달시키고, 이를 기반으로 자연촌을 자족적으로 상부상조하고 협동하는 자율적인 공생공동체로 발전시킨 것이 조선후기의 마을이었다.

마을은 이와 같이 다양한 관계들이 결합되어 구성되었던 까닭에 그 소통체계도 이를 반영해 몇 가지 특징을 나타내었다. 첫째, 마을(자연촌) 내부의 소통은 개인 간의 관계에서부터 마을전체에 이르기까지 매우 원활하고 신속하게 이루어졌다. 생활상의 필요에서 만들어진 각종 단위의 계가 결합해 치밀하고 체계적인 소통망을 구성하였다. 계가 소통망을 구성하는 골격이 되었으므로 마을 내의 사회적 소통은 쌍방향적으로 평등하게, 그리고 거의 전방위적으로 이루어졌다. 마을 내부의 소통에서는 그 흐름이 마을질서의 유지나 발전에 직접적인 영향을 미쳤던 까닭에 공동체적 윤리나 관례 등이 그 준거로서 중시되었다.

둘째, 지역촌 차원에서의 소통은 부세의 분배나 진휼, 토목공사 등의 공공업무를 처리하기 위해 이루어지는 마을 대표들 사이의 공적인 소통과 문중운영이나 개인적인 사교, 친목 등 사적인 목적을 위해 마을 사이에 이루어지는 사적인 소통으로 나누어졌다. 공적인 소통은 마을 대표들 사이에 이루어지는 것으로 협의할 사안이나 시간, 자율적 여지 등이 제한되어 있으며, 재지 사족층이 주도권을 장악하고 있어 신분제적인 제약에서 자유로울 수 없고 하향적 소통이 훨씬 우세하였다. 그러나 이 소통을 통해 마을에 대한 국가의 지배가 실질적으로 결정되는 것이었으므로 여기에서도 마을의 요구를 국가 혹은 지방 행정에 반영시키려는 상향적 소통이 적극적으로 시도되었다. 이와는 달리 마을 사이에서 이루어지는 사적인 소통은 주로 문중의 운영, 혼례와 상례, 사교나 오락 등등을 목적으로 이루어지며, 마을 내부의 소통만큼 일상적이거나 빈번하지는 않지만 그 성격은 친밀하고 쌍방향적이며 호혜적이었다. 이러한 소통은 마을의 질서에 직접적인 영향을 미치는 않았고 주로 마을 간에 정보를 교환하거나 화합, 연대를 만들어내는 역할을 하였다.

셋째, 마을이 군현이나 국가를 상대로 직접 소통을 하는 경우는 거의 없었다. 이러한 소통은 재지 사족층이 담당하였다. 마을은 자족적 생활권이라 할 지역촌을 넘지 않는 범위에서 소통망을 발달시켰을 뿐이었다. 이로 인해 마을은 그 존립을 위해 재지 사족층에 의존해야 했으며, 국가 사회 차원의 변동이나 외세의 침략에 대해 신속하고 적절하게 대처할 수 없는 한계를 안고 있었다.

자연촌을 단위로 형성되었던 마을은 18세기 이후 상품화폐경제가 발달하고, 농민층 분화가 진행되는 과정에서 적지 않은 변화를 겪었다. 특히 상품경제 발달의 영향으로 삼정제도가 극도로 문란해지는 19세기 중엽이 되면 농민유망이 확대되면서 많은 지역에서 마을이 해체되는 위기를 맞기도 하였다. 이러한 과정에서 마을을 구성하였던 여러 요소들의 기능에서도 적지 않은 변동이 일어났다. 그 대표적인 예가 19세기에 들어 재지 사족층의 역할이 크게 약화된 것이다. 재지 사족층은 세도정치의 등장으로 수령-이향(吏鄕)지배체제가 강화됨으로 인해 향촌사회에서 그 사회적 영향력을 적지 않게 상실하였다[9]. 그로 인해 마을 공동체의 안정과 성장에 기여했던 이들의 역할 또한 약화되었다. 뿐만 아니라 상품화폐경제의 발달에 자극을 받아 지대를 인상하는 등 농민경제에 대한 압박을 높여 마을을 불안정하게 하였다. 물론 그렇다고 해서 사족층들의 역할이 소멸한 것은 아니었다. 1862년의 농민항쟁이나 그 이후의 삼정책三政策 상소 등에서 볼 수 있듯이 이들의 역할은 비록 약화된 수준에서나마 계속되었다.

이러한 변화가 진행되는 가운데 다른 한편에서는 약화된 사족층의 역할을 대신할 새로운 요소도 성장하였다. 마을이 공동체적 결속과 마을

---

9) 고석규, 「9세기 전반 향촌사회의 지배구조의 성격 - '守令-吏·鄕 수탈구조'를 중심으로-」, 『외대사학』 2(1989) 참조.

간 연대에 의거해 국가 권력의 수탈에 맞서 스스로를 보호할 정치력을 성장시켜 간 것이 그것이었다. 이러한 변화는 1862년의 농민항쟁의 전개 양상에서 뚜렷이 나타났다. 그리하여 전체로 보면 이 새로 성장한 요소가 약화된 사족층의 역할을 대신하고 보완함으로써 마을이 유지될 수 있게 하였다. 물론 이러한 변화에 따라 마을은 신분제적 질서를 고수하고자 했던 재지 사족층의 영향에서 벗어나 보다 자율성을 띠게 되었다.

마을의 이러한 변화는 동학東學운동을 통해 더욱 확대되었다. 동학은 신분제 질서를 고수하고자 하였던 재지 사족층의 성리학과는 달리 사회적 평등을 매우 중시하였다. 동학은 누구나 수행을 통해 아무런 차별이 없는 평등한 존재가 된다고 하였고, 평등한 존재들이 '유무상자有無相資' 하는 대동의 공동체를 이상적인 사회로 보았다. 동학사상은 마을에 적합한 철학이자 사상이었다. 그런 까닭에 동학은 정부와 지방관헌의 혹심한 탄압에도 불구하고 급속히 확산되었다.

동학농민군은 1894년에 농민전쟁을 일으켜 전라도 일대를 석권하고 중앙정부와 전주화약을 체결하여 비록 짧은 기간이나마 집강소를 통해 전라도 일대를 통치하였다. 집강소는 동학농민군이 폐정을 개혁하기 위해 군현의 지방관과 지방행정을 협의하기 위해 만든 기구였다. 그러나 농민전쟁을 거치면서 지방관이나 향리가 농민군의 공격을 받아 제 기능을 할 수 없게 된 지역이 많았고, 이로 인해 전라도의 대부분의 군현에서는 집강소가 실질적으로 지방통치를 담당하였다. 말하자면 농민군의 자치가 이루어 진 것인데, 이에 따라 군현의 하부단위에서도 신분적 질서를 무너뜨리고 마을단위의 자치가 실시되었다[10].

---

10) 신용하, 『동학과 갑오농민전쟁연구』(일조각, 1993) 제5장, 6장, 7장 참조.

이러한 변화는 충청도, 경상도, 경기도, 강원도, 황해도 등 동학이 크게 교세를 형성하였던 지역에서도 일어났다. 비록 지방 관아를 점령하는 단계로까지 나아가지는 못했지만, 농민군들은 독자적으로 도소都所를 설치하고 횡포한 부호나 양반 혹은 향리 등을 징치하면서 활발하게 농민 자치 운동을 전개하였다.

동학농민전쟁 시기의 집강소 활동은 1894년말 농민군이 일본군과 관병에 의해 진압되면서 가혹한 보복을 받고 막을 내렸다. 농민군을 진압하는 데는 재지 사족층도 가담하였다. 그러나 농민전쟁이 진압되었을 뿐 향촌사회에 다시 이전과 같은 신분제적 질서가 복구되지는 못했다. 농민군을 진압한 주력부대가 일본군이었던 사실이 나타내듯이 조선정부나 재지 사족층의 힘만으로는 더 이상 농민들의 저항을 감당할 수 없었기 때문이다.

갑오개혁기의 지방제도 개혁은 이러한 변화를 반영하고 있었다. 갑오개혁은 지방제도를 개혁하면서 지방관이 향회를 신설하게 하였는데, 그 내용은 1895년 11월에 제정된 「향회조규급향약변무규정鄕會條規及鄕約辨務規程」으로 구체화되었다. 그 규정에 의하면 리회·면회·군회 등의 향회를 두고, 이 기구를 통해 교육·호적·위생·사회·세목 및 잡세 등에 대해 논의하게 하였다. 군회는 면회 대표들이, 면회는 리회 대표들이 구성하게 하였고, 리회는 매호 1인이 참가하여 구성하게 하였다. 여기서 보듯이 이전의 지방자치가 향회와 향약을 주도하였던 사족층을 중심으로 이루어졌던 데 비해 이 개혁에서는 지방민 모두가 향회 운영에 참여하는 방식으로 전환하고 있었던 것이다[11].

---

11) 윤정애, 「한말 지방제도 개혁의 연구」, 『역사학보』 제105호(역사학회, 1987) 참조.

물론 이 규정은 제정되고 얼마 지나지 않아 바로 민비시해에 항거하는 의병봉기로 갑오내각이 무너지게 됨으로 인해 결국 실시되지 못했다. 그러나 이러한 개혁이 시도되었다는 것 자체가 이 시기의 마을의 성장을 반영하는 것이었다. 여하튼 17세기에서 한말에 이르는 시기에 마을은 적지 않은 변화를 겪게 되지만, 그러나 생활공동체로서의 마을 구성 및 운영방식이나 마을문화에서는 대체로 근본적인 변화 없이 동질성이 유지되었다.

3. 일제의 식민지 근대화정책과 마을의 해체

조선의 마을은 호혜적인 상부상조와 협동을 통해 그 구성원 모두가 안정적이고 윤리적인 삶을 사는 공생의 공동체를 지향해 왔다. 그러나 그러한 마을은 대한제국이 일제의 식민지로 강점당하는 과정에서 근본적으로 파괴되고 해체되었다. 일제가 필요로 했던 것은 자국의 정치군사적, 경제적 취약성을 보완하고, 식민지 초과이윤을 착취할 수 있는 식민지였다. 일제는 이를 위해 강압적으로 한국사회 전체를 식민지 초과이윤을 실현하는 시장체제로 재편해갔다. 그것은 생산체제뿐만 아니라 분배 및 소비 공간 모두를 일본의 자본이 최대한 식민지 초과이윤을 실현할 수 있는 식민지 상품시장체제로 재편하는 것이었다.

조선의 전통적 마을은 그러한 식민지 지배 및 시장체제 구축에 장애가 될 뿐이었다. 마을은 자본의 축적이 지상 목표가 되는 시장체제와는 결코 양립할 수 없는 윤리적 공생과 호혜적 협동을 추구하는 사회구성이었기 때문이다. 시장체제는 이러한 사회구성을 해체함으로써만 확대되고 발달할 수 있었다. 마을은 이러한 식민정책으로 인해 근본적으로 해체되어 갔다.

1) 1910~1930년의 식민정책과 촌락 질서의 재편

일제는 1910년 토지조사사업에 착수하는 것을 시작으로 식민정책을 본격화하였다. 토지조사사업은 전국의 모든 토지에 대해 면적, 등급, 지목 등을 조사하고 등기제도를 도입해 근대적인 소유권을 법인하는 것이었다. 일제는 이 조사를 근거로 토지소유자에게 직접 조세를 할당하고 징수하는 근대적 조세체계를 수립하였다.

토지조사사업이 마을에 끼친 영향은 부정적이었다. 우선 마을은 이 사업으로 촌계村契의 주요 재원이었던 마을 공유전답이나 임야를 일거에 탈취 당했다. 일제가 이러한 공유지를 전부 국고로 귀속시켰기 때문이다. 비록 그 재산의 수입 일부가 다시 마을로 교부되기는 했지만, 공동재산의 몰수는 마을을 자족적 공동체로 결속시킬 수 있었던 물질적 토대를 해체시켰다.

이와 연관해 일제가 한국을 강점하는 과정에서 환곡제도를 소멸시킨 것도 마을에는 큰 타격이 되었다. 빈번히 발생했던 자연적, 사회적 재난으로부터 주민을 구호하고 마을을 안정시켜 왔던 물적 토대가 촌계의 공동재산과 환곡이었기 때문이다. 물론 이외에도 이웃 간에 상부상조하는 문화가 남아있지만 그것에만 의지해 재난을 극복하는 것은 불가능하였다.

다음으로 토지조사사업은 토지소유권을 배타적으로 강화해 지주의 이

익과 권력만을 확대할 수 있게 하였고, 일본인 지주들은 이러한 조건을 이용해 오로지 이윤 증대만을 추구하는 식민지 지주제를 발달시켰다. 일본인들은 토지조사사업이 진행되는 시기에 집중적으로 한국의 평야지대로 진출해 대규모로 토지를 겸병하고 농장을 조성하였다. 이들의 지주경영은 주자의 지주전호제론에 영향을 받았던 전통적인 병작제와는 근본적으로 달랐다. 전통의 병작제가 소작인의 안정적 생존이나 윤리적인 향촌질서 유지에 관심을 가졌던 데 반해 식민지 지주제는 이러한 문제에 전혀 관심을 갖지 않았다. 식민지 농장주들에게 중요한 것은 오로지 지주경영의 수익성뿐이었다. 그들은 "지칠 줄 모르는 이윤의 추구"를 위해 식민지에 뛰어든 "경제계의 약탈수"들이었다[12]. 일본인 농장주들은 배타적 소유권을 앞세워 관습적으로 인정되었던 작인들의 권리들을 모두 부정하고 수탈을 극대화할 목적으로 지대법을 변경하는 등 소작조건을 강화하였다. 또한 소작보증인제도, 소작계약제도 등을 도입해 소작료 수취에 안정을 기하고 소작농에 대한 통제를 강화해갔다. 그들에게 소작인은 수익을 올리기 위해 부리는 도구에 불과할 뿐이었다.

식민지 지주제가 전통의 병작제를 대체하면서 마을은 두 가지 면에서 타격을 입었다. 하나는 단순 재생산조차 어려울 정도로 소작료 수탈이 강화되어 이웃 간에 물질적인 상부상조가 불가능하게 된 것이다. 다른 하나는 지주가 수익성을 높일 목적으로 소작농을 자주 교체하게 되어 주민들 사이의 호혜관계가 깨지고 경쟁과 대립관계가 형성된 것이다. 식민지 지주제가 초래한 이 두 측면에서의 변화는 마을을 구성하는 내적 동력을 파괴하고 마을을 유지할 수 있는 물적 토대를 해체시키는 것이었다.

12) 久間健一, 『朝鮮農政の 課題』 (東京: 成美堂, 1943) pp. 13-20 참조.

1910년대의 토지조사사업에서 시작된 이러한 변화는 1920년대 들어 산미증식계획, 육지면장려계획, 누에고치백만석증수계획 등등 식민정책이 본격적으로 실시되면서 더욱 확대되었다. 이러한 변화에 특히 크게 영향을 미친 식민정책은 산미증식계획이었다. 산미증식계획은 일제가 자국의 부족한 식량문제를 해결하기 위해 1920년에 착수한 식민정책이었다. 이 정책은 1926년에 더욱 강력한 내용으로 갱신되어 1930년대 초반까지 추진되었다. 산미증식계획은 조선에서 토지개량과 농사개량을 통해 쌀을 증산하고 이를 대량으로 일본에 수출해 당면한 일본의 식량문제를 해결하는 것이었다. 일본으로의 쌀 수출은 당장 요구되는 것이었지만 토지개량이나 농사개량을 통해 쌀을 증산하는 데는 많은 시간이 필요했다. 이에 일제는 증산계획을 추진하면서 조기에 쌀 수출 목표를 달성하기 위해 정책적으로 지주제를 강화시켰다. 즉 지주층을 토지개량과 농사개량의 주체로 내세워 소작농에 대한 수탈을 극대화함으로써 조기에 수출목표를 달성하려 한 것이었다.

보다 구체적으로 살피면 일제는 지주들을 수리조합의 설립 및 운영의 주체가 되게 하여 수리조합비를 소작농민에게 전가하게 하고, 농사개량사업자금도 지주에게만 대부해 지주가 이를 이용해 고리대로 소작농을 수탈할 수 있게 강제하였다[13]. 또한 일제는 농회와 지주회 등을 이용해 지주경영이 이러한 방향으로 나아가도록 적극적으로 견인하였다. 농회나 지주회는 관내 지주들을 전부 망라해 조직되었는데 군수가 회장을 맡고 군산업기수 등이 임원을 맡았다. 농회에서는 그 지역에서 농장을

---

13) 林炳潤, 『植民地における商業的 農業の展開』 (東京: 東京大學出版部, 1971) 제4장 참조.

경영하고 있던 일본인 대지주들이 큰 영향력을 발휘하였다. 일본인 지주들은 앞장서서 이러한 식민정책을 이용하는 방식으로 지주경영의 수익성을 높여갔고, 조선인 지주들 또한 거기에 자극을 받아 전통적 병작제를 폐기하고 대신 일본인 지주들의 상업적인 지주경영방식을 도입해 갔다. 당시의 한 언론은 이러한 변화를 "그전에는 비교적 후하다고 할 만하던 조선인 지주들도 돌변하야가지고 소작인에게 대하여 가혹한 태도를 취"하게 되었다고 보도하고 있다[14]. 이에 더해 일제는 지주제가 강화되면서 이에 저항하는 농민운동이 확대되자 지주가 소작농을 수탈하는 데 차질이 없도록 <치안유지법>, <폭력행위 등 처벌에 관한 법률> 등을 제정해 농민운동을 탄압하였다.

산미증식계획에 따른 이러한 변화는 전통적인 마을을 해체시키는 결정적인 요인으로 작용하였다. 먼저 그 과정에서 조선인 지주의 대부분은 일본인 지주와 동일하게 오로지 이윤추구에만 혈안이 된 경제적 약탈수로 전락하였고, 그에 따라 더 이상 마을을 유지하고 보호하였던 전통적 역할을 담당하지 않게 되었다. 지주들의 관심은 빠르게 마을에서 멀어져 갔다. 그들에게는 이제 일신의 부와 사회적 지위를 보존하고 상승시키는 방도를 찾는 것이 더 중요했다. 지주들은 이를 위해 식민지 권력이나 자본과 연결될 고리를 찾는 일에 분주하였다. 일제가 1920년대 후반 소작쟁의로 극심하게 동요하던 농촌사회를 안정시키는 방도로 지주들의 온정주의를 강조하다가 마침내 이를 포기하게 되는 것은 이러한 변화를 반영하는 것이었다.

다음으로 이러한 지주제 강화는 마을 구성원들 사이의 호혜적 관계를

14) 『동아일보』 1925. 2. 22. 「은폐된 관악과 민원」

그 근저에서부터 파괴했다. 조선인 지주들은 지주제를 강화하는 방식으로 마름제도를 이용했다. 그것은 자신이 직접 농민을 상대하지 않고 그 지역사정에 정통한 마름을 대리인으로 내세워 소작인에 대한 통제를 강화하고 소작료를 인상해 가는 것이었다.

마름들은 "사리사정에 따라 소작지를 이동"하거나, "소작료의 고저에 차액을 두어 소작인 서로 간에 감정을 상하게" 하거나, "개인적 감정에 따라 차별적으로 대우함으로써 소작인을 분열"시켰다. 그리하여 1920년대 후반에 이르면 마름제도는 조선총독부 당국조차도 특단의 대책을 마련할 필요를 언급할 만큼 심각하게 "소작인 및 부락민의 융화를 방해하고", "농촌의 평화를 무너뜨리고" 있었다[15].

마름의 이러한 농간은 농민들 사이에서 소작지를 얻기 위한 경쟁을 불러 일으켰다. 소작지를 얻지 못하면 생계수단을 잃게 되는 것이므로 그 경쟁은 치열할 수밖에 없었다. 더욱이 소작료가 인상될수록 생계를 위해 더 넓은 소작지를 확보해야 했던 까닭에 그 경쟁은 갈수록 더욱 치열해지는 것이었다. 그 과정에서 마을의 토대가 되었던 호혜적 관계는 근저에서부터 파괴되었다. 이러한 변화는 전통적인 부락공동노동조직이었던 두레가 약화되고 대신 개별 농가 사이의 품앗이가 증가하는 현상으로도 나타났다.

다른 한편 지주제의 강화는 농민경제를 급속히 빈궁화시켰다. 식민지 지주제로 전환되면서 비료대, 노임 등 농경에 소요되는 경비 일체와 법적으로 지주가 부담해야 하는 지세공과금, 병작제 하에서 지주가 부담했던

---

15) 이윤갑, 「1920년대 경북지역의 농촌사회와 농민운동」『한국사연구』 제113호, (한국사연구회, 2001) 참조.

종자까지도 전부 소작인의 부담이 되었다. 뿐만 아니라 수리조합 지역에서는 조합비를 부담해야 했다. 심지어 병작제에서는 작인이 수입이 되었던 이모작이나 재해시 대용작에 대해서도 소작료를 납부해야 했다. 그리하여 구한말에 총수확고의 3-4할 수준이었던 소작료가 1920년대 말이 되면 적게는 6할이고 보통을 7할-8할에 이르는 수준으로 인상되었다. 소작료가 두 배 가까이 인상된 것이다[16]. 소작농에 대한 지주의 수탈은 여기에 그치지 않았다. 수확의 7, 8할을 소작료로 납부하게 되면 남는 수입이란 고작해야 한 해를 버틸 양곡도 못되었다. 그런 까닭에 소작농은 농경에 필요한 비용의 상당 부분을 지주로부터 빌릴 수밖에 없었다. 지주는 이러한 대부에 대해서도 고리대로 수탈하였다.

고율의 소작료와 고리대 수탈은 결국 농민의 토지상실과 부채의 누적적 증가를 가져왔다. 1916년 전국의 농가호수 계층구성은 지주가 6만 6천여호, 자작농이 53만여호, 자소작농이 107만 4천여호, 소작농이 97만 1천여호를 점했고, 그 비율은 각각 2.5%, 20.0%, 40.7%, 36.8% 이었다. 이에 비해 1930년의 농가호수 계층구성을 보면 지주가 10만 4천여호, 자작농이 50만 4천여호, 자소작농이 89만여호, 소작농이 133만 4천여호를 점해 그 구성 비율은 각각 3.7%, 17.8%, 31.4%, 47.1%였다. 1916년에서 1930년 사이에 자작농은 2만 6천여호가 감소하고, 자소작농은 57만호가 감소했으며, 대신 소작농이 36만 3천여호 증가하였다. 비율로 보면 자작농은 2.2%, 자소작농은 9.4%가 감소하고, 대신 소작농은 10.3% 증가하였다. 이러한 변동은 산미증식계획이 추진되는 시기에 자작농과 자소작농이 자신의 소유지를 상실하고 소작농으로 몰락하는 변화가 급격히 진

16) 강만길, 『일제시대 빈민생활사 연구』(창작과비평사, 1987) 제1장 참조.

행되었음을 나타내었다.

농가부채도 누진적으로 증가하였다. 경상북도가 1932년에 도내 21개군 53개부락 2,491호의 농가수지를 조사한 결과에 따르면 농가평균 1년 수입은 86원이었다. 농가는 이 수입으로 농구비와 6인 가족의 식량, 피복비, 교육비, 교제비 등을 충당해야 했다. 그런데 당시 이들 농가는 자작농은 88원~148원, 자소작농은 80원~116원, 소작농은 51원~65원의 부채를 지고 있었다. 부채가 1년 수입을 상회할 정도로 증가해 있었다[17]. 이런 실정은 다소 정도의 차이는 있으나 전국적으로 공통된 현상이었다. 다시 그 부채의 구성을 보면 농외용 부채가 적게는 2할에서 많게는 4할~5할을 점했는데 자소작농이나 소작농일수록 그 비율이 더 높았다. 이는 결국 수입이 너무 적어 빚을 내어 생계를 이어가고 있는 상황을 반영하는 것이고, 따라서 그 부채는 수입이 증가하지 않는 한 계속 누적되어 갈 수밖에 없었다.

이러한 빈궁화로 농민들은 이웃을 돕거나 구호할 여유를 가질 수 없었다. 이에 인해 다양하게 발달했던 계도 그 물질적인 부조 기능을 거의 상실하였다. 그러한 가운데 1929년에 대공황이 들이닥치자 견디다 못해 만주로 이주하는 농가가 증가하고, 완전히 파산하여 야반도주하는 농가도 속출했다. 마을은 물론이고 농촌 자체가 해체위기를 맞았다. 그리하여 결국 1930년대 초반에 이르면 호혜적인 상부상조와 협동으로 공생의 공동체를 만들어 왔던 조선 전통의 마을은 거의 형해화될 정도로 해체되고 대신 그 자리에는 지주적 상품생산 위주로 새롭게 재조직된 시장체제적

17) 이윤갑,『한국근대의 상업적 농업 연구』(연세대 대학원 박사학위논문, 1993) pp. 178-179 참조

촌락질서가 형성되어 갔다[18].

2) 침략전쟁기의 농촌진흥운동과 마을의 해체

1930년대 초반 조선사회는 대공황의 덮치면서 심각한 위기를 맞았다. 농산물 가격이 절반이하로 폭락하였고, 그로 인해 대부분의 농가가 파산 위기로 내몰렸다. 부채는 갚기 불가능한 수준으로 늘어났고, 추수한 것을 모두 지주 또는 고리대 업자에게 빼앗기고 빈손으로 농촌을 떠나거나 야반도주하는 농민이 줄을 이었다. 전체 농가의 70%가 부채농가로 전락했고, 그 가운데 절반 이상이 이러한 위기를 맞고 있었다. 농가경제의 위기는 춘궁농가 비율을 통해서도 살필 수 있다. 보릿고개 2개월여 동안 먹을 양곡이 한 톨도 없는 농가의 비율은 전체 농가의 42.1%를 점했다. 춘궁농가는 소작농일수록 더욱 많아 전체 소작농의 58%가 초근목피로 이 기간을 버텨야 했다.

18) 시장체제는 칼 폴라니가 사용한 용어이다. 폴라니는 인류역사에서 발견되는 경제활동의 사회적 조직 양식을 '통합유형'이라는 개념을 사용해 설명한다. '통합유형'이란 경제, 즉 생산자원과 욕구 충족의 물질적 수단을 획득하고 처분하는 데에서 인간들 사이에 확인되는 전형적 관계 유형을 나타내는 것으로, 폴라니는 인류 역사상 호혜, 재분배, 교환 등 3종류의 '통합유형'이 있다고 보았다. 근대사회의 통합유형은 교환이다. 이 교환유형에서는 자기조정적 기능을 가진 시장에 의해 경제체제가 통제되며, 경제적 이익이라는 단일 동기가 모든 사회적 관계에 우선적으로 작용한다. 이를 자기조정적 시장체제(줄여서 시장체제)라 부른다. 자기조정적 시장체제는 자본주의의 발달을 통해 수립되며, 이 체제가 수립되면 그 이전까지 사회의 일부로 존재하던 경제가 마침내 사회를 그 부속물로 전락시켜 지배하는 인류사적 대변환이 일어난다. 칼 폴라니, 박현수 옮김, 『사람의 살림살이 1, 2』(풀빛, 1983); 칼 폴라니, 박현수 옮김, 『거대한 변환』(대우학술총서, 1991); 김영진, 『시장자유주의를 넘어서: 칼 폴라니의 사회경제론』(한울아카데미, 2005) 참조.

이와 같은 빈궁화와 경제적 파탄은 식민지 지배를 위기로 몰아넣었다. 한국 사회는 농촌이나 도시를 막론하고 모두 거대한 화약고로 변했다. 도처에서 소작쟁의나 노동쟁의가 폭발했다. 사회주의 혁명가들 또한 이를 호기로 인식하고 혁명적인 노동조합운동과 농민조합운동을 전개하였다. 조선총독부의 통계에 따르면 농민단체의 수는 1926년 119개이던 것이 1930년에 무려 1,759개로 증가하였고, 1931년 한 해 동안만 무려 42만여 명의 농민이 소작쟁의나 수세불납동맹투쟁, 농정반대투쟁 등에 참가하였고, 그 가운데서 피검된 자도 1,838명에 달했다. 또한 1920년대 말부터 1930년대 초반까지 일본제국주의 타도, 지주계급타도, 토지혁명과 노농소비에트건설 등을 슬로건으로 내걸고 혁명적 농민조합운동을 시도했던 지역도 무려 94군데에 달했다[19].

정치적 위기 못지않게 생산력의 위기도 심화되었다. 당시 한국 농업에서 실질적인 생산주체는 자작농과 소작농이었다. 지주와 독점자본은 산미증식계획을 통해 이들을 과도하게 수탈하였다. 그로 인해 이들이 빈궁화되면서 결국 "토지의 과학적 개량이나 합법적 관리"는커녕 "유주적 농구조차 쉽게 사 쓰지 못"할 지경이 되었다. 그 결과 산미증식계획에도 불구하고 농업생산성은 정체를 면치 못했는데, 설상가상으로 대공황까지 덮쳐 생산의욕마저 잃게 되자 마침내 "농업생산의 발전이 저지되고 생산력이 쇠퇴하는 농업위기"가 오게 된 것이다[20].

이러한 상황에서 일제는 만주를 침략하는 군국주의로 이 위기를 돌파

---

19) 지수걸, 「1930년대 전반기 조선인 대지주층의 정치적 동향」, 『역사학보』 제112호.(역사학회, 1989) 참조.

20) 인정식, 「토지점유의 근대성과 봉건성-조선농업경제의 연구(4)」, 『중앙』 4-5호 (1936. 5.) 참조.

하려 하였다. 즉 세계대공황을 계기로 열강들이 공격적으로 블록경제를 형성하게 되자 일본 또한 여기에 대응해 원료자원을 보유한 근린 제국을 침략하는 방식으로 영·미제국에 의존하지 않는 재생산구조를 구축하려 한 것이다. 일본의 군국주의화는 1931년 중국을 침략해 만주지역을 점령하는 것으로 막이 올랐다. 일본은 만주를 차지하고 괴뢰국을 세웠지만 만주점령이 최종 목표는 아니었다. 독자적인 경제블록을 구축하기 위해서는 만주가 아니라 중국 전역을 지배해야 했고, 동남아시아까지도 진출할 필요가 있었다. 만주는 중국을 전면적으로 침략하기 위해 확보한 교두보에 지나지 않았다.

이러한 시기에 조선총독으로 부임한 인물이 일본 내각에서 육상陸相을 역임한 우가키였다. 우가키는 1924년 1월부터 1931년 3월까지 육상을 맡아 총력전 체제의 토대를 형성한 군제개혁을 추진한 바 있었다. 우가키는 조선총독으로 부임하고 얼마 지나지 않아 일본의 만주침략이 시작되자 곧바로 일본과 조선과 만주를 연결하는 블록체제를 구상하고, 그 구상에 입각해 만주진출 및 대륙침략에 전진기지 역할을 할 조선통치방안을 강구하였다[21]. 그렇게 해서 입안된 것이 1932년에 착수되어 1933년부터 시행에 들어간 농촌진흥운동이었다.

농촌진흥운동은 두 가지 목적을 가지고 있었다. 하나는 대공황의 피해 속에서 격렬하게 요동치고 있는 농촌사회를 정치적, 경제적으로 안정시키는 것이었다. 이러한 안정은 당장 조선 통치를 위해 필요하였다. 뿐만 아니라 그것은 만주침략으로 형성될 '만주-조선-일본'을 잇는 블록경제를 안정적으로 구축하기 위해서도 요구되는 정책이었다. 다른 하나는 보

21) 친일문제연구회 편, 『조선의 총독 10인』(가람기획, 1996) pp. 146-153 참조.

다 근본적인 목적으로 그가 평소 주창해 온 총력전 체제를 한국에 구축하는 것이었다. 일본의 침략은 만주를 넘어 중국전역으로 확대될 수밖에 없었다. 그런 만큼 장기간에 걸쳐 확대될 침략전쟁을 뒷받침할 총동원체제를 구축하는 것이 필수적이었다. 농촌진흥운동은 이러한 필요성에서 입안된 것인 만큼 이전의 식민정책들과는 달리 농촌을 그 기초단위인 자연부락 차원에서부터 재조직하는 방식으로 추진되었다.

물론 일제는 강점 후 줄곧 지방통치를 강화하는 정책을 실시해 왔다. 1914년에 군·면·동리의 통폐합을 단행하고, 1917년에 면제를 실시해 지방 지배의 전초기지를 만들었으며, 1920년에 들어서는 문화정치를 표방하면서 면협의회를 설치해 지역의 명망가층을 지배체제로 포섭하려 하였다. 또한 1920년대 후반에는 식민지 지배에 협력했던 이른바 '중심인물'을 내세워 자연부락을 식민정책에 부합하도록 재조직하는 모범부락사업을 추진하기도 하였다. 그러나 이러한 지방통치정책은 조선총독부가 전면에 나서 식민통치에 부합하게 직접 촌락을 재편하는 정책은 아니었다. 그것은 산미증식계획 등의 식민정책과 결합해 지역사회의 명망가라 할 지주층들을 포섭하고, 그들의 촌락 지배를 강화하면서 이를 매개로 농촌에 대한 통제를 높여가는 것이었다[22]. 지역 명망가층을 앞세운 촌락지배는 앞서 살폈듯이 지주적 상품생산 위주로 재조직된 새로운 시장체제적 질서를 촌락사회에 수립하는 것이었다.

그러나 이러한 지배방식은 앞서 살폈듯이 심각한 정치적·경제적 위기

---

22) 金益漢,『植民地期 朝鮮における地方支配體制の構築と農村社會變動』, 東京 : 東京大學大學院 博士學位論文, (1996) 제3장「'문화정치'하에서 지방행정제도와 농촌조직화정책」 참조.

를 야기했고, 우가키 총독의 구상하고 있는 총력전체제를 구축하기에도 한계가 있었다. 무엇보다도 지역 명망가들은 자신에게 이익이 되는 한도 내에서만 총력전 체제 수립에 협력할 뿐이었기 때문이다. 이에 우가키 총독은 통치방식을 근본적으로 전환해 식민지 권력이 전면에 나서 자연촌락을 단위로 총동원 체제를 구축하는 농촌진흥운동을 추진하였다[23].

농촌진흥운동을 추진한 기구는 그 정책을 기획, 지도하는 각급 지도기관과 이를 실행하는 농촌진흥회로 나누어져 있었다. 지도기관으로는 조선 총독으로부터 계통적 지휘를 받는 조선총독부 농촌진흥위원회, 도농촌진흥위원회, 군농촌진흥위원회, 읍면농촌진흥위원회 등이 있었다. 이 지도기관에는 정무총감을 정점으로 도지사, 군사・도사, 읍면장 등의 각급 행정기관의 수장과 권업관계 행정담당자가 참여하였고, 경찰・학교・금융조합・산업조합・수리조합・기타 지역의 유직자 등이 참여하였다. 각급 지도기구의 운영에서 중심적 역할을 한 것은 총독부 정무총감으로부터 계통적 지휘를 받는 각급 행정기관의 수장과 권업관계 관리들이었다.

이에 비해 실행기관인 부락농촌진흥회는 읍면농촌진흥위원회 산하에 30호~40호를 단위로 조직되었다. 농촌진흥회는 사업추진의 편의성을 고려해 구동리(자연촌)를 단위로 조직하였다. 이러한 조직체계에서 보듯이 농촌진흥운동은 조선총독부의 총동원체제의 구상이 계통적 지도체계를 통해 공동생활 기초단위가 되는 자연촌락에서 실행되는 식민지통치 정책이었다.

---

23) 金益漢, 앞의 논문(1996), 제4장 "농촌진흥운동의 전개와 농촌조직화정책의 귀결" 참조.

촌락에서의 농촌진흥운동은 개별 농가를 대상으로 한 농가갱생운동과 부락 차원의 진흥운동으로 추진되었다. 농가갱생운동은 행정기관이 선정된 개별 농가를 대상으로 5개년 동안 3대 목표 즉 '식량충실'·'현금수지균형'·'부채근절'을 달성하도록 지도, 감독하는 정책이었다. 그 추진 방식을 보면 먼저 면에서 대상 부락을 선정하고 지도면리원을 배정한다. 지도면리원은 그 부락의 중심인물의 의견을 참작해 개별 농가별로 농가갱생5개년계획을 수립하고, 그 계획을 면진흥위원회의의 자문을 거쳐 확정한 다음 대상농가에 출장하여 상시적으로 지도, 감독하면서 이를 실행하게 하는 것이다.

부락진흥운동은 부락차원에서 진행되는 농촌진흥운동으로 자연부락단위로 부락진흥회 또는 공려조합을 조직해 농가갱생계획이 실효를 거둘 수 있도록 뒷받침하는 정책이었다. 부락진흥회는 중견인물이 주도하에 조직되는 것으로 농가갱생계획을 지원하는 공동시설을 운영하며, 청년부, 부녀부, 소년부, 야학부 등을 두고 월례회 등의 행사를 통해 농촌진흥운동의 정신을 고취하고 갱생계획이 잘 이행되도록 생활, 경제, 영농 전반에 대해 교육하고 편달하는 역할을 담당하였다. 부락진흥운동에는 농가갱생계획 대상자는 물론이고 일반 부락민도 모두 참여하게 되어 있었다.

외관상 농촌진흥운동은 파산위기에 처한 농가의 경제적 안정과 갱생에 중점을 두었다. 이것이 착수되는 시점에서는 대공황의 피해와 혁명운동의 확산으로 크게 요동치고 있던 농촌사회를 진정시키는 것이 무엇보다도 급선무였기 때문이다. 일제는 농가갱생계획에 농민의 관심이 쏠리도록 '자작농지설정사업', '고리채정리사업', '조선농지령' 등을 이 계획과 결합하여 추진하였다. 그러나 동시에 다른 한편으로는 혁명적인 농민조합운동과 노동조합운동에 대해 대대적인 탄압을 가하였다. 이처럼 농촌진흥운동은 그 출발에서는 농촌의 혁명적 위기를 진정시키는 개량적 농촌정책으로서의 외양이 강했다.

그러나 그것은 전술적 필요에서 그러했을 뿐 조선총독부는 농촌진흥운동을 처음부터 총력전 체제를 구축하는 식민정책으로 구상하고 추진하였다. 조선총독부가 이를 통해 궁극적으로 달성하고자 한 것은 총력전 체제 수립을 위해 생산 주체였던 개별 농가의 생산력을 확충하고, 이와 결합해 군국주의 천황제 이데올로기를 확산하고 주입하는 것이었다.

조선에서 총력전 체제를 구축할 때 당장 해결해야할 가장 심각한 과제는 농업생산의 실질적 주체였던 개별농가의 생산력을 확충하는 문제였다. 농촌진흥운동이 농가갱생계획을 중심에 놓은 것은 바로 그 때문이었다. 일제는 그 방안으로 농가갱생계획을 실시하면서 자급자족경영을 표방하여 농가노동력을 최대한 생산에 동원하도록 강요하였다. 또한 다각적영농법의 도입을 표방하고 이를 면화증산계획, 면양장려계획 등과 결합해 추진함으로써 전략물자의 생산체제를 구축해 갔다.

총력전 체제를 구축하기 위해서는 이와 동시에 군국주의화를 추진할 이데올로기를 주입하고, 전파하는 것이 필수적이었다. 이를 위해 일제는 농가갱생운동과 부락진흥운동을 이른바 '심전心田' 개발운동으로 추진하였다. 일제는 농촌진흥운동을 시작하면서 가장 중요한 지도 원칙으로 '물질에 편향되지 않게 정신을 개발'할 것을 강조하였다. '정신의 개발'은 '근로애호 · 자주자립 · 보은감사'를 의미했는데, 그 핵심은 천황과 식민지통치에 복종하고 협력하는 것이었다. 일제는 구체적인 생활지도를 통해 이러한 '정신 개발'을 강요하였는데 그 실행 방법으로 특히 중점을 두었던 것이 국기게양, 조세공과 철저 납부, 관의 장려 · 지도사항 준수 등이었다[24].

농촌진흥운동은 1935년에 갱생지도부락확충계획으로 확대되면서 더욱 강화되었다. 이 계획은 1935년부터 1947년까지 18년간 연차적으로 7만 5천여 개에 달하는 조선의 모든 부락과, 갱생이 필요한 궁핍농가 230만호 모두를 대상으로 전면적인 농가갱생계획을 실시하는 것이었다. 1933년과 1934년의 농촌진흥운동이 1개면당 1개 부락을 선정하는 수준의 시범사업이었다면, 1935년부터 실시되는 확충계획은 이 시범사업의 성과를 토대로 모든 부락으로 이를 전면 확대 시행하는 것이었다. 일제는 농촌진흥운동을 전면적으로 확대하면서 '정신의 진작향상'을 위한 '심전개발'을 더욱 강화하도록 지시하였다. '심전 개발'운동의 목표도 군국주의 천황제 이데올로기를 보다 명확히 주입할 수 있도록 "1. 국체를 명징하게 할 것, 2. 경신숭조의 사상 및 신앙심을 함양할 것, 3. 보은감사 · 자립의 정신을 양성할 것" 등 세 가지로 구체화하였다.

우가키 총독이 추진한 갱생지도부락확충계획은 1936년 8월 부임한 미나미 총독에 의해 계승되었다. 미나미 총독은 중국침략이 확대되자 농촌진흥운동이 표방한 양대 목표 즉 '농가갱생'과 '심전개발'을 '생업보국' 슬로건으로 통합하고, 황국신민서사를 제정하고 궁성요배를 강요하는 등 황국신민화정책을 더욱 강화하였다. 농촌진흥운동의 목적이 군국주의 침략을 뒷받침할 총동원 체제의 구축에 있음을 전면적으로 표방한 것이었다. 그리하여 미나미 총독이 추진한 농촌진흥운동은 이후 1940년에 만들어지는 국민총력조선연맹의 토대가 되었다.

---

24) 朝鮮總督府, 『農村振興運動の全貌』(朝鮮總督府農林局, 1933) pp. 38-41 참조.

이와 같이 농촌진흥운동이 확대, 강화되는 과정에서 자율과 호혜를 특징으로 하였던 조선 전통의 마을은 식민지 권력에 의해 전면적으로 해체되었다. 대신 그 자리에는 식민지 권력에 의해 직접 통제되고, 감시받으며 군국주의 침략전쟁에 총동원되는 관제 촌락 질서가 수립되었다. 농촌진흥운동기의 촌락정책은 산미증식계획기에 발달하였던 시장체제적 촌락질서를 기본으로 하였다. 시장체제적 촌락질서는 식민지의 지주적 상품생산이 농업을 지배하는 과정에서 생성된 촌락질서였다. 그것은 지주나 그 대리인이 식민지 권력의 비호 하에 오로지 이윤 증대를 위해 일방적으로 소작인에 대한 통제를 강화하는 조건에서 그에 예속된 농민들이 생존을 위해 분열적으로 경쟁하면서 만들어 내는 촌락질서였다. 1930년대에도 지주제는 여전히 식민지 농업을 손쉽게 수탈하고 효율적 기구였고, 지주 또한 식민지 권력에게는 더없이 든든한 지배기반이었다. 그런 까닭에 지주적 상품생산은 농촌진흥운동기에도 중시되고 보호되었다.

그러나 지주적 상품생산은 앞서 지적했듯이 소작농에 대한 수탈에 의거하고 있었던 까닭에 농업생산력을 퇴화시키고 계급적, 민족적 갈등을 격화시키는 모순을 초래하고 있었다. 1920년대 후반의 산미증식계획은 그러한 모순을 심화시키는 방향으로 추진되었고, 대공황은 마침내 그 모순을 총체적인 농업위기로까지 증폭시켰다. 그런 까닭에 당장은 농촌사회의 안정을 위해서, 보다 장기적으로는 총력전 체제의 구축을 위해서 지주적 상품생산의 한계를 보완할 필요가 있었다. 그 한계는 총력전 체제 구축과 관련해 두 가지였는데 하나는 생산력 확충이었고, 다른 하나는 군국주의 이데올로기의 확산이었다.

이에 농촌진흥운동은 지주적 상품생산의 근간을 보존하면서도, 그것이 지니는 한계를 행정기관이 직접 개입하여 보완하고 통제하는 방식으로 해결하려 하였다. 물론 일제는 농촌진흥운동을 추진하면서 지주 스스로가 나서 이 한계를 해결하도록 유도하기도 하였다. 지주가 협력한다면 가장 쉽게 문제를 해결할 수 있었기 때문이다. 일제는 지주들을 지도기관인 농촌진흥위원회에 참여시켜 일정한 역할을 담당하게 하였고, 또한 군수가 나서 정기적으로 지주회를 개최하고 지주들이 농촌진흥운동에 협조하도록 설득하고 참여하도록 권유하였다. 지주들 또한 식민지 권력과의 관계를 고려해 행정 당국의 이러한 요구에 호응하였다. 개별 농가를 상대로 농가갱생계획을 지도하였던 면리원의 업무나 부락진흥회를 주도했던 중견인물의 활동은 지주들의 이러한 역할과 연계되면서 이루어졌다. 그러나 그 방식에는 절대적인 한계가 있었다. 총력전 체제를 구축하는 농촌진흥운동에서 지주들이 소극적으로 되거나 감당할 수 없는 업무나 활동 또한 적지 않았기 때문이었다. 그러한 업무나 활동은 행정기관 주도로 독자적으로 추진되거나 심지어 관권으로 지주의 이익을 제한하면서 수행되어야 했다. 이러한 영역은 침략전쟁이 확대될수록, 따라서 농촌에서 전쟁동원이 강화될수록 증가하였다.

이를 반영하여 농촌진흥운동기의 촌락 질서 또한 지주적 상품생산이 만들어 낸 시장체제적 촌락질서를 기본으로 하였다. 그러나 여기서 더 나아가 총력전 체제와 모순되는 지주적 상품생산의 한계를 보완할 식민지 권력 주도의 농민 및 촌락 동원조직 및 질서가 구축되었다. 일제는 총력전 체제에 지주적 상품생산이 최대한 순기능적으로 결합하도록 관리하고 조정하는 방식으로 이 둘을 결합시켰다. 따라서 농촌진흥운동기의 촌락 질서는 전쟁 동원을 목적으로 형성된 통제경제적 시장체제라

할 수 있었다. 이 두 질서는 조화를 이룰 수도 있었지만 또한 모순적으로 충돌할 수도 있었다. 이 양자 사이의 역관계는 전쟁동원의 국면이나 강도에 따라서 시장권력이 행정 권력보다 우위에 서기도 하고, 대등한 관계에 있기도 하며, 역으로 행정 권력이 시장권력을 압도하기도 하였다.

농촌진흥운동기의 이 새로운 촌락 질서는 식민지 권력이 촌락을 조직하거나 동원하는 단위로 활용하기에 적합했던 구동리(자연촌)를 중심으로 형성되어 갔다. 그리하여 일제 강점 이후 급속히 약화되고 해체되어 갔던 자연촌이 이를 통해 다시 재조직되며 강화되어 갔다. 이를 조선 전통의 마을과 대비하면 비록 조직 규모는 유사하지만 그 구성방식은 근본적으로 달랐다. 전자가 자율과 호혜에 바탕을 둔 공생공동체로 구성된 것이라면 후자는 어디까지나 지주적 상품생산을 근간으로 하는 전쟁동원체제로 조직된 것이었다.

농촌진흥운동기에 촌락조직화를 주도한 것은 식민지 권력과 지주층이었다. 촌락 운영에서 주체가 된 것도 지주 혹은 그 대리인과 식민지 권력이 임명한 구장, 그리고 장, 단기 교육을 통해 민간측 지도자로 육성된 중견지도자들이었다. 물론 지주들은 군 또는 면단위의 농촌진흥위원회와 결부되어 있었다. 이들은 전통적인 마을의 존위尊位나 동장과는 달랐다. 존위나 동장은 마을에서 자율적으로 추대되거나 선출되었고, 그들의 영향력이나 권위는 마을을 협동적인 호혜공동체를 만드는 지도력으로부터 나왔다. 이에 비해 구장이나 중견지도자의 영향력은 마을 밖의 식민지 권력으로부터 나오는 것이었고, 지주의 권력은 토지소유나 공적인 지위로부터 나오는 것이었다.

촌락의 운영방식에서도 전통적 마을은 공식적 혹은 비공식적 논의가 하부의 다양한 계 조직에서부터 두레나 촌계 등 전체촌락 차원의 상부 조직에 이르기까지 다양하게 중층적으로 이루어지고, 그렇게 수렴된 중의를 따르는 방식으로 운영이 이루어졌다. 또한 그렇게 집행된 것은 관례로 정착되며, 추후 같은 사안에 대해서는 그 관례를 따르는 것이 일반화되어 있었다. 이에 비해 농촌진흥운동기의 촌락은 행정기관의 지시나 통제가 일방적으로 하달되고 집행되는 방식으로 운영되었다. 당국이 선전한 자치는 어디까지나 그 한계 내에서 이루어지는 외형적 자치, 달리 말하면 압력이나 불이익이 두려워 그 집행에 주민이 다소간 적극적인 모습을 보이며 참여하는 것 이상을 의미하지 않았다.

촌락의 운영이 이와 같이 관주도적인 강제동원방식으로 이루어지고 있었으므로 자치, 자율적 성격이 강한 계 조직은 이러한 촌락운영에 도리어 방해가 되었다. 전래의 계 조직은 그 대부분이 경제적 목적을 겸하지만 기본적으로 자치를 지향하는 사회적 성격이 강했기 때문이다. 이에 일제는 1920년대 중반 이래 계에 대한 통제를 실시하였는데 농촌진흥운동을 실시하면서 이를 더욱 강화하였다. 한 예로 1932년 11월에 제정된 경상남도의 계에 대한 통제 내용을 보면 계를 결성하려면 먼저 관할 경찰서장에게 계의 규칙 또는 규약과, 임원의 인적사항, 계원의 인적사항과 전체가입자수를 제출하여 허가를 받게 했으며, 계의 규약이나 임원의 변동이 있을 때도 동일하게 신고하여 허가를 받도록 하였다. 계의 규약으로 신고할 사항은 명칭, 목적, 사무소 소재지, 존속기간, 개회 장소 및 정해진 날짜 등등 계의 운영과 관련된 19개항이었고, 임원과 계원의 인적사항에는 본적, 주소, 직업, 이름, 생년월일 등을 기재해야 했다. 또한 6개월마다 계의 수지명세서와 금전출납에 관한 증빙서류를 제출하여 검사를 받게 하였다. 뿐만 아니라 경찰서장은 언제든지 계의 장부나 서류 등을 검사할 수 있었고, 규약의 변경이나 임원의 해임을 요구할 수 있었다. 계가 이러한 규칙을 어길 경우 경찰서장은 백 원 이하의 벌금 또는 구류나 과료 처분을 내릴 수 있었다[25].

이와 같이 농촌진흥운동을 통해 촌락이 침략전쟁에 총동원되는 통제경제적 시장체제로 재조직되면서 전통적인 마을은 더 이상 현실적인 제도로는 존재하지 않게 되었다. 다만 동제나 거의 기능이 상실된 촌계 등등 일부 제도가 마을의 잔재로 남았다. 그러나 오랜 세월 마을을 이루고 생활하면서 체화되었던 공동체적 윤리나 문화는 농촌진흥운동에도 불구하고 여전히 주민들의 의식 속에 살아남았다. 1942년 조선의 농촌을 조사하였던 일본인 인류학자의 보고를 통해 이를 확인할 수 있다. 그는 합방 전 조선의 마을을 이루었던 제도들이 대부분 기능을 상실하거나 해체되어 잔재만 남아 있지만 남녀의 구별이나 장유유서와 같은 예절이나 이웃 간의 환난상휼 등의 윤리적 문화가 놀라울 정도로 흐트러짐 없이 잘 정비되어 있음을 보고하였다[26].

4. 맺음말

구한말까지 비교적 그 원형을 유지할 수 있었던 전통적 마을은 국가사회를 구성하는 기본 단위이자 그 운영의 능동적 주체였고, 그 자체로는

25) 朝鮮總督府,『農山漁村に於ける契』(朝鮮總督府農林局, 1938) pp. 235-238 참조.
26) 鈴木榮太郎,『朝鮮農村社會の研究』(東京: 未來社, 1973) pp. 83-84 참조.

호혜적인 협동과 상부상조를 기반으로 인간적 공생을 추구하는 자율적인 생활공동체였다. 마을에는 다양한 계가 자율적으로 결성되어 활동했고, 이를 통해 부분과 전체가 원활하고 긴밀하게 소통함으로써 자치가 실현되었다.

자치공동체였던 마을이 역사에서 사라지게 된 것은 일제 침략 이후였다. 일제는 조선을 강점하고 식민지로 재편하면서 정책적으로 마을을 파괴하고 해체시켰다. 식민지 초과이윤을 실현하는 식민지 시장체제로의 재편이 마을의 해체를 통해서만 실현될 수 있었기 때문이다.

일제는 조선의 촌락을 식민지 초과이윤을 실현하기에 적합한 상품시장체제로 재편하였다. 그것은 지주적 상품생산 위주로 재조직된 식민지 시장체제적 질서를 촌락사회에 구축하는 것이었다. 일제는 촌락사회의 명망가들인 지주층들을 포섭하여 통제하면서, 그들의 촌락 지배를 강화하는 방식으로 이러한 재편을 추진하였다. 식민지 시장체제로의 재편은 1910년대의 토지조사사업과 1920년대의 산미증식계획 등을 통해 정책적으로 강요되었다.

일제의 촌락질서의 재편은 1930년대의 농촌진흥운동을 통해 더욱 확대되었다. 일제는 대공황기에 고조된 혁명 열기를 진정시키고 군국주의 침략을 뒷받침할 총력전 체제를 구축할 목적에서 농촌진흥운동을 입안하였다. 농촌진흥운동은 지주적 상품생산이 만들어 낸 시장체제적 촌락질서를 토대로 추진되었다. 농촌진흥운동은 여기서 더 나아가 총력전 체제와 모순되는 지주적 상품생산의 한계를 보완할 식민지 권력 주도의 농민 및 촌락 동원조직 및 질서를 새롭게 수립하였다. 그것은 총력전 체제에 지주적 상품생산이 최대한 순기능적으로 결합하도록 관리하고 조정하는 방식으로 결합된 전쟁동원형 통제경제적 시장체제였다. 그러한 재편과정에서 자치와 호혜에 바탕을 둔 조선 전통의 자율적 공생공동체였던 마을과 그 하부 토대였던 계 조직들은 식민지 권력에 의해 대부분 파괴되고 해체되었다.

일제가 파괴한 마을은 해방 이후 주민들이 자발적으로 건국준비위원회를 결성하는 등 잠시 소생되는 기운을 보였다. 그러나 식민지 유제가 청산되지 못한 가운데 민족분단이 일어나고, 계급 및 민족문제를 둘러싼 갈등이 한국전쟁으로 격화되면서 치명타를 입는다. 이후 1961년 군사쿠데타로 집권한 박정희 정권 주도로 근대화정책이 추진되면서 마침내 마을은 최종적으로 해체되고 말았다. 1960 · 70년대의 박정희 정권의 근대화정책은 근대적 시장체제로의 재편을 통해 마을을 해체시켰던 점에서도 일제의 식민지 지배정책을 계승하였다.

이상에서 재분배 및 호혜 체제에 기반을 두고 발달한 조선의 전통적인 풀뿌리 공동체였던 마을이 일제 침략 이후 자본(식민지 지주)와 권력 주도로 식민지 시장체제에 기반을 둔 근대적 촌락질서로 재편되는 역사적 과정을 간략하게 검토하였다. 이러한 검토가 반세계화운동으로서 풀뿌리 공동체운동에 대해 시사하는 바는 세 가지로 정리될 수 있다.

첫째, 반세계화운동으로서 풀뿌리 공동체운동은 자본주의 시장체제를 비판적으로 인식하고, 동시에 그 체제에 적합하게 길들여진 스스로의 세계관과 생활문화를 성찰할 때에만 비로소 시작되고 발전할 수 있다는 점이다.

근대 이전에 풀뿌리 공동체로 마을이 형성되고 발전할 수 있었던 기본적인 동력은 주민들 속에 내재한 생태적이고 도덕적인 상부상조의 공동체정신 즉 마을문화였다. 마을문화는 공동체적 생존을 위해 노력하는 과정에서 많은 시행착오를 거치면서 형성된 것이었다. 마을에서는 항상 지속가능한 사회적, 생태적 삶의 방식이 고민되었고, 그것이 일상의 생활문화로 개발되었다. 그리하여 마을문화는 이를 개발하는 다양한 일상의 생활의례나 관습, 제도, 조직 등으로 구조화되어 있었고, 마을사람들은 이를 통해 생활 속에서 공동체정신을 실천하고 전승해 갈 수 있었다.

반세계운동으로서 풀뿌리 공동체운동 또한 그 정신성을 실천하고 전승하는 생활문화를 개발하고 확산하는 데서 시작될 수밖에 없다. 풀뿌리 공동체운동은 '세계화'가 전지구적으로 구축하고자 하는 자본주의 시장체제가 인류역사상 결코 가장 진보한 사회체제가 아니라는 것을 인식하는 데서 출발한다. 이 체제는 생태적으로나 사회적으로 치명적 모순을 안고하고 있어 장기 지속이 불가능하다. 이 체제를 지속하는 한 머지않은 장래에 인류는 치명적 파국을 맞게 될 것이다. 풀뿌리 공동체 운동은 '세계화'의 이러한 실상을 이른바 '세계화'된 자본주의적 생활문화에 대한 성찰을 통해 비판적으로 인식할 때에만 진정으로 시작된다. 그러한 성찰은 지속가능한 건강한 생존방식에 대한 고민으로 발전하며, 그 고민이 풀뿌리 공동체운동의 정신성을 실천하고 전승하는 새로운 생활문화의 개발로 이어진다. 이러한 노력이 사회적 운동으로 확산되고 자리 잡을 때 풀뿌리 공동체운동은 이를 담보할 사회적 주체를 확보할 수 있게 된다.

둘째, 풀뿌리 공동체운동을 발전시키기 위해서는 양방향으로 교육적 소통이 가능한 지역단위의 원활하고 신속한 소통체계를 형성하는 것이 필수적이고, 이 소통체계들을 연결해 국가적, 전지구적인 소통망을 형성해야 한다는 점이다.

전통의 마을이 계속되는 내적, 외적 변화에도 불구하고 그 정체성을 유지하면서 장기적으로 존속할 수 있었던 것은 이 변화들을 일관되게 소화할 수 있는 교육적 소통력 덕분이었다. 전통의 마을은 각급 수준에서 다양한 기능과 형태를 가진 계를 발달시켰고, 그 계는 내적, 외적 변화를 유연하게 소화하는 소통체계로 기능하였다. 전통적인 계는 비록 식리(殖利)를 목적으로 하는 것조차도 기본적으로 윤리성을 중시하는 성향이 강했다. 다양한 계를 매개로 이루어지는 마을에서의 의사소통은 공동체적 윤리를 보존한다는 원칙에 입각해 공동의 의사를 결정하는 방향으로 이루어졌고, 그 방식도 일방통행식이 아니라 사적, 공적인 심의과정을 거쳐 양방향으로 공동체 성원들의 동의를 형성하는 교육적 소통방식이었다. 공동체 내, 외부의 권력이 이러한 소통과 의사결정방식을 폭력적으로 유린하거나 부정할 때 마을공동체는 집단적으로 여기에 저항하였다.

근대화 과정에서 자본주의 권력은 마을을 파괴하고 시장체제적 촌락질서를 구축하면서 마을의 소통체계 또한 자본과 권력이 일방적으로 지배하고 조작할 수 있는 체제로 재편하였다. 이로 인해 주민들은 더 이상 능동적으로 정보를 심의하거나 생산하는 소통의 주체가 되지 못하고 자본주의 언론기업이 일방적으로 제공하는 정보를 수동적으로 수용하고, 그 관점으로 세계를 인식하는 객체로 전락하게 되었다.

풀뿌리 공동체운동은 자본의 지배를 받던 대중들이 역사의 타율적 객체에서 자율적 주체로 전환하는 운동이다. 그런 까닭에 풀뿌리 공동체운동이 반세계화를 위한 사회운동으로 발전하기 위해서는 새로운 공동체적 생활문화의 개발과 아울러 반드시 그에 상응하는 교육적인 상호소통체계를 형성해야 하고, 이를 국가적, 전지구적 소통망으로 연계할 것이 요구된다.

셋째, 풀뿌리 공동체운동이 세계화를 극복할 대안적 사회구성운동으로 발전하기 위해서는 반드시 공동체 성원들이 인간적으로 공생할 수 있는 호혜적이고 협동적인 생태적 생산(유통, 분배)체계와 이와 정합적으로 결합되는 주민자치적인 정치·행정체계를 개발해야 한다는 것이다. 그러한 체계화운동은 '세계화'라는 시대적 조건에 부합하게 지역적 차원에서, 국가적 차원에서, 세계적 차원에서 동시적으로 추진되어야 한다.

한국 전통의 마을은 '각립대동各立大同'의 공동체 정신을 실천하는 마을문화 못지않게 이를 공동체 단위로 실현하는 분화되고 체계화된 발달된 자치제도와 윤리성을 중시하는 협동적 생산체계 및 호혜적 상부상조체계를 형성하고 있었다. 마을공동체가 수백 년 동안 장기적으로 지속할 수 있었던 것은 이러한 사회체계와 제도, 조직들이 환경의 변화에 유연하게 대응하면서 그 기능을 유지할 수 있었기 때문이었다. 전통의 마을공동체는 일제의 식민정책이 이러한 체계들을 파괴하고 식민지 시장체제를 구축하면서 해체되었다.

풀뿌리 공동체운동 또한 '세계화'의 획일적인 자본주의 시장체제를 대체하는 실현 가능한 '각립대동各立大同'의 생태 공동체적인 생존체계를 개발해야 하고, 이를 지역적, 국가적, 전지구적 차원에서 연계하고 체계화해야 한다. 근대 이전의 마을공동체는 지역 단위로 고립 분산되어 있어 국민시장, 세계시장의 통합을 추구하던 자본주의에게 제압당했다. 반세계화운동으로서의 풀뿌리 공동체운동 또한 고립 분산적으로 추진되는 한 결코 '세계화'의 벽을 넘을 수 없다. 이 또한 마을 공동체의 역사에서 유의하지 않으면 안 되는 대목이다. 개별의 풀뿌리 공동체운동은 국가 재구성 운동으로, 동시에 세계 질서의 재구성운동으로 추진되어야 하고 서로 연대해야 한다.

풀뿌리 공동체운동은 '세계화'의 모순을 부분적 혹은 파편적으로 개혁하는 데 머무는 저항운동이 아니다. 자본주의가 자치와 호혜적 관계로 윤리적 공동체를 지향했던 마을을 해체시킨 것이 하나의 거대한 문명사적 전환이었듯이, 풀뿌리 공동체운동으로 '세계화'를 극복하는 것 역시 또 하나의 문명사적 전환을 목표로 하고 있다. 마을에 대한 연구와 풀뿌리 공동체운동(마을만들기) 또한 이러한 관점에서 접근해야 할 것이다.

참고문헌

강만길. 1987.『일제시대 빈민생활사 연구』. 창작과 비평사.

김건태. 1997.『16~18세기 양반지주층의 농업경영과 농민층 동향』. 성균관대 대학원 박사학위논문.

김준석. 2005.『한국 중세 유교정치사상사론 Ⅰ』. 지식산업사.

김필동. 1992.『한국사회조직사연구』. 일조각.

이윤갑. 1993.『한국근대의 상업적 농업 연구』. 연세대학교 대학원 박사학위논문.

이태진. 1989.『조선유교사회론』. 지식산업사.

이해준. 1996.『조선시기 촌락사회사』. 민족문화사.

친일문제연구회 편. 1996.『조선의 총독 10인』. 가람기획.

김경일. 1987.「선말에서 일제하의 농촌사회의 '동계'에 관한 연구」.『한국학보』 제35호.

이병수. 2002.「삶의 진보와 자치」.『민족문화논총』 제26집.

이윤갑. 2002.「현대의 문명사적 위기와 새로운 선택」.『민족문화논총』 제26집.

지수걸. 1989.「1930년대 전반기 조선인 대지주층의 정치적 동향」.『역사학보』 제112호.

______. 1996.「일제하 충남 서산군의 '관료-유지 지배체제」.『역사문제연구』 제3호.

鈴木榮太郎. 1973.『朝鮮農村社會の硏究』. 東京: 未來社.

金益漢. 1996.『植民地期 朝鮮における地方支配體制の구축と農村社會變動』. 東京 : 東京大學大學院 博士學位論文.

松本武祝. 1998.『植民地 權力と朝鮮農民』. 東京 : 社會評論社.

저자소개

홍승표는 고려대학교 사회학과를 졸업하고, 미국 아이오아 주립대학교에서 사회학 박사학위를 받았으며, 현재 계명대학교 사회학과 부교수로 재직하고 있다. 주요 관심 분야는 동양 사상을 바탕으로 새로운 사회학이론, 사회문제론, 사회발전론을 구성하는 것이다. 저서로는 『깨달음의 사회학』과 『동양사상과 탈현대』 등이 있으며, 주요 논문으로는 「현대사회학의 인간관 비판과 유가 인간관 사회학적 함의」, 「동아시아 사회사상과 새로운 사회관의 모색」 등이 있다.

E-mail: sphong@kmu.ac.kr

유승무는 현재 중앙승가대학교 포교사회학과 교수로 재직 중이다. 현재 주요 관심분야는 동양사회사상 및 한국인의 사회적 성격 탐구이며 특히 불교사회학을 학문화하는 데 많은 노력을 기울이고 있다.

E-mail: smlew691@hanmail.net

오문환은 연세대에서 정치학 박사학위를 받았다. 한국정치사상을 전공하며 중국 북경대 박사후과정 및 연구학자를 거쳐 경희대 NGO국제연구소 선임연구원으로 있다. 현재 인천대, 서강대에서 강의를 하고 있다.

E-mail: ohmh@paran.com

김무진은 계명대학교 사학과 교수로 재직중이며, 조선시대사회사를 전공한다. 주요 저서와 논문으로는 『고려조선전기 중인연구』, 「조선후기 서당의 사회적 성격」, 「조선전기의 향리연구」 등이 있으며, 향촌사회의 기본단위와 그 구조에 관한 연구를 하고 있다.

E-mail: moojin@kmu.ac.kr

이해준은 목포대 교수(81-94), 공주대 박물관장(95-97), 한국역사민속학회장(1996-1998), 국사편찬위원회 편사부장(1999-2001), 충남역사문화연구소장(2001-2004)을 역임하고 현재 공주대 인문대 사학과 교수로 재직중이다. 주요 저서로는 『조선후기 향약연구』(민음사, 공저, 1990), 『생활문화와 옛 문서』(국립민속박물관, 책임편저, 1991), 『조선시기 촌락사회사』(민족문화사, 1996), 『한국의 세시풍속』(국립민속박물관, 책임연구, 1998), 『지역사와 지역문화론』(문화닷컴, 2001) 등이 있다.

E-mail: leehj@kongju.ac.kr

이윤갑은 현재 계명대학교 사학과 교수로 재직중이며, 한국근대사를 전공한다. 주요 논문으로는 「한국근대의 상업적 농업 연구」, 「현대의 문명사적 위기와 새로운 선택」 등이 있다.

E-mail: ykl311@kmu.ac.kr

계명대학교 한국학연구 총서 17

한국 전통사회의 의사소통체계와 마을문화

인　쇄 | 2006년 6월 25일
발　행 | 2006년 6월 30일
저　자 | 김무진 외
펴낸이 | 이진우
펴낸곳 | 계명대학교출판부
704-701 대구시 달서구 신당동 1000번지
전화 053-580-6233　팩스 053-583-5213
등록 | 1970. 9. 1. (신고번호 제347-1998-1호)

ISBN 89-7585-365-9 93900

값 12,000원